Mein Buch der Jüdischen Feiertage

Shmuel Blitz

JOURIST

Dieses Buch ist meiner Schwester Phyllis und ihrem Ehemann Abe Frankel gewidmet

Mein Buch der Jüdischen Feiertage, Shmuel Blitz

Übersetzung aus dem Englischen: Jourist Verlag, Hamburg
Redaktion: Jehoschua Jourist
Herausgeber: Jourist Verlags GmbH, www.jourist.de
Webseite zur Buchreihe: www.meine-tora.org

Original work: My First Book of Jewish Holidays

ISBN: 978-3-89894-776-3

Webseite zur Buchreihe: www.meine-tora.de

Möge der Verdienst
des Tora-Lernens mithilfe dieses Buchs
der Erhebung der Seele von

ROSA BAT BORIS SCHKOLNIK

dienen. Möge ihre Seele im Garten Eden bis zur
Auferstehung am Ende der Tage weilen.

יהי רצון שהלימוד בספר זה יהיה לעילוי נשמת:

רוזה בת בוריס למשפחת שקולניק.

תהא נשמתה צרורה בצרור החיים,

עד ש"הקיצו ורננו שוכני עפר"

Widmung der Erhebung der Seelen von

KONSTANTIN BEN ROSA LARIN
PEJSA BAT MOISEJ SCHKOLNIK
BORIS BEN AARON SCHKOLNIK
SLATA BAT IZCHOK ROIF

לעילוי נשמת

קונסטנטין בן רוזה לרין

פיסיה בת משה שקולניק

בוריס בן אהרון שקולניק

זלאטה בת יצחוק רויף

Im Laufe seines Lebens sammelt man gute Taten für seine Seele. Damit verbessert man zur gleichen Zeit auch die Welt um uns herum. Welche Taten gut sind, erfahren wir aus der Tora. Tora-Lernen selbst ist eine Mitzwa. Wenn die Seele eines Menschen diese Welt verlässt, können die Angehörigen ihre guten Taten der Seele des Verstorbenen widmen. Das ist das, was wir mit L'iluj Neschama bezeichnen: die Erhebung der Seele eines Verstorbenen.

Möge der Verdienst dieser Ausgabe der Erhebung der Seele von Efim ben Hajim dienen, der sehr, sehr viel Gutes getan hat.

Inhaltsverzeichnis

Zeiten der Nähe

Eine Einführung von Rabbiner Nosson Scherman

In Ägypten befahl Haschem Mosche, Rosch Chodesch, den neuen Monat, auszurufen. Und als später der syrisch-griechische König Antiochus versuchte, gegen die jüdische Religion vorzugehen, war eine der drei Mitzwot, die er angriff, die Rosch Chodesch zu verkünden und zu begehen. Was also ist so besonders an Rosch Chodesch?

Rosch Chodesch bedeutet für das jüdische Volk zwei Dinge: Der Beginn eines neuen Monats ermöglicht es uns, einen Kalender zu erstellen. Zudem erinnert er uns daran, dass das jüdische Volk immer wieder zurückkehrt, so wie der Mond jeden Monat zu verschwinden scheint, dann aber wieder anfängt zu wachsen: von der Sichel bis zu seiner ganzen Fülle. Deshalb sollten wir zum Beispiel auch nie die Hoffnung verlieren, egal wie schlimm alles auch gerade erscheinen mag. Sehen wir uns diese beiden Lektionen von Rosch Chodesch an und sehen wir, wie wichtig sie für uns alle sind.

Jedes Jahr freuen wir uns auf Pessach, Rosch Haschana und all die anderen Feste. Die Tora nennt sie *Moadim*, also Zeiten, in denen Juden „Begegnungen" mit Haschem haben. Sie werden auch *Mikra'ei Kodesch* genannt, was bedeutet, dass zu Zeiten von Festen Haschem uns „einlädt", ihm näher zu kommen und uns über all die guten Dinge zu freuen, die er für uns und für unsere Vorfahren getan hat.

Pessach ist viel mehr als nur eine Geschichtsstunde über unsere Befreiung aus der ägyptischen Sklaverei. Es ist eine Zeit, in der wir immer noch und immer wieder dieselbe Ergriffenheit spüren können wie unsere Vorfahren, als Mosche zu ihnen kam und ihnen verkündete, dass sie nicht länger Sklaven des Pharaos sein würden, dass sie stattdessen zum Berg Sinai ziehen würden, um dort die Tora zu empfangen und um immer Haschem zu dienen. Es ist, als ob Haschem uns bis heute sagen will: „So wie die Juden von ihrem Leiden in Ägypten befreit worden sind, so könnt auch Ihr von all den Problemen, die das jüdische Volk im 21. Jahrhundert hat, befreit werden." An Schawuot sagt Haschem: „Kommt, meine Kinder. Ich habe euch am Berg Sinai die Tora gegeben, und heute könnt ihr eure Chumasch oder Gemara aufschlagen und dabei mitbekommen, dass die Tora immer noch euch gehört, heute könnt ihr sie wieder empfangen."

Jeder Jom Tov ist ebenso eine solche Zeit, die uns sagt, dass wir uns weiterhin innerhalb der jüdischen Geschichte befinden.

Aber wann genau finden diese Jamim Tovim statt? Jamim Tovim sind auf Daten festgelegt - auf Daten, die im Kalender stehen! Gäbe es keinen jüdischen Kalender, gäbe es auch keine Feste. Deshalb ist Rosch Chodesch so wichtig und die erste Mitzwa, die Haschem uns als Volk gegeben hat.

Der jüdische Kalender orientiert sich am Mond. Damit weist Haschen uns darauf hin, dass wir, wie der Mond, niemals „alt und abgenutzt" sind. Immer, wenn es so aussah, als wäre unsere Geschichte zu Ende, kamen wir zurück - so wie jeden Monat der neuen Mond zurückkehrt. Selbst zu Lebzeiten unserer Großeltern und Urgroßeltern, als fast alle Jeschiwot und jüdischen Gemeinden in Europa zerstört worden sind, - war es so, als kämen wir, wie der Mond am Anfang eine Monats, zurück. *Baruch Haschem* gibt es heute überall auf der Welt wieder starke und wachsende jüdische Gemeinden und Jeschiwot.

Dieses Buch bringt uns die jüdischen Feiertage, ihre Geschichten und ihre Gesetze und Bräuche näher. Es ist gefüllt mit Geschichten aus der Tora, dem Talmud, dem Midrasch und unserer langen Vergangenheit. Wenn wir dieses Buch lesen, haben wir immer wieder das Gefühl, mit unseren Vorfahren mit dabei zu sein beim Auszug aus Ägypten, mit ihnen am Berg Sinai zu stehen, in der Wüste Haschems Wolken zu sehen und die tausend Geschmäcker des *Mannas* zu genießen. Wir schließen uns Mordechai und Esther an, die Haman besiegten, und wir sind Teil der Chaschmonaim, die die Tora gegen die syrischen Griechen verteidigt haben. Die Gesetze und Bräuche, die in diesem Buch vorkommen, zeigen uns, dass wir nicht nur wissen müssen, was in der Vergangenheit passiert ist, sondern auch, wie wir die Feste in Erinnerung an Wunder heute feiern sollen.

Wir sind Shmuel Blitz für die Erstellung dieses Buches dankbar. Der Inhalt ist so dicht! Shmuel Blitz machte das so gut! Die Illustrationen von Tova Katz verlebendigten für uns die Geschichten. Alles in allem ist das ein Buch, das uns stolz darüber macht, Teil von Haschems besonderem Volk zu sein, ein Buch, das man das ganze Jahr über lesen und genießen kann.

Rosch Haschana

Erschaffung

Bevor es Menschen gab, bevor es Tiere gab, bevor es die Erde gab, bevor es den Himmel und die Ozeane gab, ja sogar bevor es Licht und Dunkelheit gab, gab es nichts.

Dann begann Haschem zu schaffen.

Am ersten Tag schuf Haschem den Himmel und die Erde.

Am zweiten Tag trennte Haschem den Himmel und das Wasser oberhalb des Himmels.

Wusstest du das?
Haschem schuf die Tora, bevor Er die Welt erschuf. Genauso wie ein Architekt Pläne benutzt, wenn er ein Gebäude entwirft, hat Haschem die Tora als Seinen Plan für die Erschaffung der Welt benutzt.

Am dritten Tag schuf Haschem das Gras, die Pflanzen, die Feldfrüchte und die Bäume. Ebenfalls am dritten Tag schuf Haschem Gan Eden (wo Adam und Chawa, die ersten Menschen, am ersten Tag ihres Lebens leben sollten).

Wusstest du das?
Am zweiten Tag wurden die Engel erschaffen. Außerdem schuf Haschem Gehinnom (Ort der Bestrafung nach dem Tod). Deshalb sagt die Tora am Ende des zweiten Tages auch nicht, wie sonst immer, „Und es war gut". Haschem war nicht erfreut, dass es böse Menschen gibt, die bestraft werden müssen. Ein weiterer Grund dafür, dass der „Und es war gut" - Satz fehlt, ist, dass Haschem den Himmel zwar am zweiten Tag erschaffen hat, dieser aber erst am dritten Tag vollendet wurde.

Wusstest du das?
Haschem hatte immer noch keinen Regen erschaffen, also konnte nichts wachsen. Es regnete nicht, bis der Mensch am sechsten Tag erschaffen wurde. Haschem wollte, dass die Menschen um Regen beten.

Am vierten Tag schuf Haschem die Sonne, den Mond und die Sterne.

Wusstest du das?

Zuerst waren die Sonne und der Mond gleich groß und leuchteten beide gleich hell. Der Mond war eifersüchtig und beschwerte sich bei Haschem: „Wie können die Sonne und ich die gleiche Größe haben?" Haschem bestrafte den Mond für seine Unzufriedenheit und machte ihn kleiner und weniger hell als die Sonne. Aber damit es dem Mond nicht zu schlecht gehen würde, schuf Haschem die Sterne, die in der Nacht den Mond beim Leuchten unterstützen.

Am fünften Tag schuf Haschem die Fische und die Vögel.

Ein genauerer Blick

Haschem gab den Vögeln und Fischen einen zusätzlichen Segen, damit die Menschen große Mengen von ihnen essen können. Die Tiere aber, die am sechsten Tag erschaffen wurden, haben diesen zusätzlichen Segen nicht erhalten. Haschem wollte nicht, dass die Schlange diesen zusätzlichen Segen bekommt, weil Er wusste, dass die Schlange später Böses und Schmerz über die Welt bringen würde, indem sie Chawa zur Sünde verleitet würde.

Wusstest du das?

Am fünften Tag erschuf Haschem auch den Leviathan, den riesigen Fisch, der im Ozean lebt. Unsere Weisen lehren uns, dass Haschem, wenn Maschiach kommt, ein riesiges Mahl für die *Tzaddikim* zubereiten wird, das aus dem *Leviathan* zubereitet wird.

Am sechsten Tag schuf Haschem die Tiere und den Menschen.

Ein genauerer Blick

Warum wurde der Mensch zuletzt erschaffen? Haschem wollte, dass alles in der Welt fertig und bereit sein sollte, bevor der Mensch erschaffen wurde, da ja alles für den Menschen geschaffen wurde. Andererseits, wenn ein Mensch zu arrogant und stolz werden sollte, kann man ihm sagen: „Alles, selbst das kleinste Insekt, wurde erschaffen, bevor du warst." Jeder Mensch stammt von Adam und Chawa ab. Niemand kann jemals sagen: „Ich bin besser als du, weil meine Vorfahren wichtiger waren als deine!" Bevor Er den Menschen erschuf, sagte Haschem zu den Engeln: „Lasst uns Menschen machen." Einige Engel wollten nicht, dass der Mensch erschaffen wird, andere hingegen schon. Aber für Haschem war der Mensch der ganze Zweck der Schöpfung.

Wusstest du das?

Einige unserer Weisen sagen, dass Haschem Erde von dem Ort nahm, an dem eines Tages *Beit HaMikdasch* gebaut werden sollte, und sie benutzte, um Adam daraus zu erschaffen.
Der sechste Tag der Schöpfung war der erste Tag des Monats Tischrei (Rosch Haschana). Zehn Dinge wurden an diesem Freitag vor dem Schabbat erschaffen. Dazu gehörten zum Beispiel: der Regenbogen, den Noach nach der Sintflut sehen würde; das *Man*, das die Juden nach dem Auszug aus Ägypten in der Wüste aßen; der Stab, mit dem Mosche viele Wunder vollbringen würde; das *Schamir-Insekt*, das sich durch Stein fressen konnte (König Schlomo benutzte das *Schamir*, um die Steine für *Beit HaMikdasch* zu schneiden) und die Buchstaben des *Alef Bet*.

Am Ende des sechsten Tages schloss Haschem die Schöpfung ab, und am siebten Tag ruhte Er. Dieser Tag ist Schabbat, unser heiligster Tag.

Wusstest du das?

Schabbat ist ein besonderer Tag, der von Haschem gesegnet ist. Unsere Weisen lehren uns, dass derjenige, der den Schabbat ehrt, mit einem guten Leben und Reichtum belohnt wird. Der Mensch erhält am Schabbat eine zusätzliche Seele; die *„Neschama jetera"*. Sie hilft uns, den Schabbat freudiger und heiliger zu gestalten. Wenn der Schabbat vorbei ist, verlässt uns diese besondere *Neschama*, aber sie kehrt am folgenden Schabbat zurück.

Ein genauerer Blick

Nachdem die Schöpfung beendet war, kam Schabbat vor Haschem. „Jeder Tag hat einen Partner außer mir", sagte Schabbat. „Sonntag hat Montag, Dienstag hat Mittwoch und Donnerstag hat Freitag." „Mach dir keine Sorgen", antwortete Haschem. „Die Kinder Israels werden deine Partner sein." Wenn das jüdische Volk über den Schabbat wacht und ihn beschützt, dann wird der Schabbat das jüdische Volk beschützen.

Haschem gab Adam im Garten Eden seinen Platz. Er sah, dass Adam allein war und schuf eine Frau für ihn. Adam nannte sie Chawa, was Leben bedeutet. Adam sagte, dass sie die Mutter allen menschlichen Lebens sein würde.

Ein genauerer Blick
Haschem versetzte Adam in einen tiefen Schlaf und erschuf Chawa aus seiner Rippe. Als Adam erwachte, war Chawa da.

Ein genauerer Blick
Wer von der Frucht des Baumes der Erkenntnis isst, erlangt große Weisheit und die Erkenntnis, zwischen gut und böse unterscheiden zu können. Wer vom Baum des Lebens isst, wird ewig leben.

Der Garten Eden stand voller schöner Bäume. Zwei von ihnen waren sehr besonders: der Baum der Erkenntnis und der Baum des Lebens.

Haschem sagte zu Adam und Chawa, dass sie von jedem Baum im ganzen Garten essen dürften, außer vom Baum der Erkenntnis.

Zu dieser Zeit hatte die Schlange zwei normale Beine, genau wie ein Mensch. Sie ging zu Chawa und fragte: „Hat Haschem euch nicht gesagt, dass ihr keine Früchte von den Bäumen des Gartens essen dürft?“ „Nein“, antwortete Chawa, „Haschem hat gesagt, wir *dürfen* die Früchte der Bäume essen. Aber wir dürfen den Baum der Erkenntnis nicht einmal berühren“. „Berühre ihn“, sagte die Schlange, „und du wirst sehen, es wird nichts passieren“. Die Schlange drückte Chawa gegen den Baum und sie berührte ihn. Natürlich ist dabei nichts passiert.

„So wie nichts passiert ist, als du den Baum berührt hast“, argumentierte die Schlange, „so wird auch nichts passieren, wenn du von der Frucht dieses Baumes isst“. Und Chawa nahm die Frucht vom Baum der Erkenntnis und aß sie.

Ein genauerer Blick
Haschem hat Adam und Chawa nie gesagt, dass sie den Baum nicht berühren sollten. Ihnen war es nur nicht erlaubt, von seinen Früchten zu essen. Am Ende sündigte Chawa, weil sie etwas in Haschems Namen sagte, was Er nicht gesagt hatte.

Chawa gab auch Adam die Frucht und auch er aß davon. Haschem bestrafte Adam, Chawa und die Schlange. Die Schlange wurde zu einem verfluchten Tier, das immer mit dem Bauch entlang des Bodens kroch und kein Essen schmecken sollte. Sie sollte zum Feind des Menschen werden und immer versuchen, diesen zu beißen. Die Menschen wiederum würden versuchen, Schlangen zu töten. Wegen Chawas Sünde hatten die Frauen Schmerzen, wenn sie Kinder bekamen. Und aufgrund von Adams Sünde würden die Menschen sterben. Der Mensch sollte ab jetzt auch hart arbeiten müssen, um seinen Lebensunterhalt zu verdienen. Haschem schickte Adam und Chawa aus dem Garten Eden. Haschem richtete über Adam und Chawa an Rosch Haschana. Auch wir werden an Rosch Haschana beurteilt. An Rosch Haschana wird entschieden, wer leben und wer sterben wird; wer krank und wer geheilt wird; wer reich und wer arm ist; welche Länder Frieden haben und welche in den Krieg ziehen.

Wusstest du das?
Adam und Eva sündigten und wurden, noch am Tag ihrer Erschaffung, am Freitagnachmittag vor Schabbat, aus dem Garten Eden vertrieben. Manche sagen, sie durften für den Schabbat bleiben und wurden aber gleich nach Schabbat wieder weggeschickt.

Chawa hat zwei Kinder geboren - Kain und Hevel. Kain war ein Bauer und Hevel war ein Hirte. Sie brachten beide Opfergaben, um Haschem für seine Segnungen zu danken. Kain war der erste, der eine Opfergabe brachte, aber er brachte nicht seine besten Früchte. Hevel dagegen hat seine schönsten Tiere gebracht. Haschem nahm die Gabe von Hevel an, aber nicht die von Kain. Kain wurde eifersüchtig und tötete Hevel. Adam lebte 930 Jahre lang.

Ein genauerer Blick

Nachdem Kain Hevel getötet hatte, sagte Haschem: „Du bist ein böser Mensch, Kain. Du hast nicht nur deinen Bruder getötet, sondern auch alle zukünftigen Generationen, die ihm geboren worden wären.“ Haschem bestrafte Kain. Er schickte ihn in der ganzen Welt umher. Kain würde nie wieder ein festes Zuhause haben, und es würde ihm schwerfallen, Nahrung aus dem Boden zu ziehen. Kain flehte Haschem um Gnade an, und Haschem hatte Mitleid mit ihm. Er setzte ihm ein Zeichen auf sein Haupt, damit die Leute wussten, dass sie ihm nichts antun sollten.

Wusstest du das?

Adam sollte 1000 Jahre alt werden. Doch bevor Adam erschaffen wurde, zeigte Haschem ihm alle seine zukünftigen Nachkommen. Er sah König David, der nur noch drei Stunden zu leben hatte. „Wie kann eine so heilige Seele nur drei Stunden lang leben?“, fragte Adam. „Bitte, Haschem, gib ihm siebzig Jahre meines Lebens.“ Haschem war einverstanden. Adam starb im Alter von 930 Jahren und David HaMelech wurde 70.

Ein genauerer Blick

An Rosch Haschana, als Haschem die Erschaffung des Universums beendete, wurde Er zu dessen König.

ROSCH HASCHANA - GEBOTE UND VERBOTE

1. Im Elul, dem Monat vor Rosch Haschana, beginnen wir mit den Vorbereitungen dazu, indem wir *Tschuwa* (Buße) tun.

Ein genauerer Blick
Haschem nimmt unsere Gebete und unsere *Tschuwa* das ganze Jahr über an. Aber der Monat Elul ist eine besonders gute Zeit für Haschem, unsere Gebete zu erhören.

Wusstest du das?
Sefardische Juden beten jeden Tag - außer am Schabbat - im Elul *Slichot* (Bußgebete). Aschkenasische Juden beginnen einige Tage vor Rosch Haschana, *Slichot* zu sagen.

2. Während des Monats Elul blasen aschkenasische Gemeinden jeden Morgen nach *Schacharit* den Schofar (außer an Schabbat und Erew Rosch Haschana). Manche blasen ihn auch nach *Mincha*.

Ein genauerer Blick
Der Klang des Schofars ruft uns dazu auf, während Elul *Tschuwa* zu tun. Er erinnert uns daran, dass Mosche am ersten Tag des Elul, als er zum Har Sinai hinaufstieg, um den zweiten Satz *Luchot* (die Tafeln mit den Zehn Geboten) zu empfangen, den Schofar blies. Sie taten dies, um zu verkünden, dass Mosche aufgestiegen war und dass die Juden nicht wieder sündigen sollten, wie sie es getan hatten, als er das erste Mal die Zehn Gebote empfing. Damals hatten die Juden das Goldene Kalb gemacht.

3. Rosch Haschana ist der Tag, an dem wir von Haschem gerichtet werden. Er entscheidet, was für ein Jahr wir haben werden. Haschem entscheidet, wer leben und wer sterben wird, wer krank und wer gesund sein wird, wer arm und wer reich sein wird.

Ein genauerer Blick
Wir können nie mit Sicherheit wissen, wie Haschem uns richten wird. Aber wenn wir richtig zu Haschem beten und *Tschuwa* tun, können wir zuversichtlich sein, dass wir im Buch des Lebens für ein gutes und gesundes Jahr eingetragen werden.

4. Die Tora befiehlt uns, den Schofar an Rosch Haschana zu blasen. Es ist angebracht, 100 Schofarstöße zu hören. Es gibt drei Arten von Tönen, die wir mit dem Schofar machen: *Tekia, Schewarim* und *Terua*. *Tekia* ist ein langer Laut, *Schewarim* sind drei kürzere Laute und *Terua* sind neun kurze Laute.

Ein genauerer Blick
Der Schofar ist das Horn eines Widders. Er erinnert uns an den Widder, den *Avraham Avinu* anstelle seines Sohnes Jizchak für Haschem opferte. Wir beten zu Haschem, dass wir durch das Verdienst von Avraham und Jizchak gerettet werden und ein gutes Jahr bekommen. Außerdem lehren uns unsere Weisen, dass wir den Schofar zweimal blasen - einmal vor *Mussaf* und ein weiteres Mal während *Mussaf*. Das verwirrt den Satan. Wenn er sieht, wie sehr wir uns bemühen, Haschems Mitzwot zu tun, wird er denken, dass wir es verdienen, den Schofar des Maschiach zu hören.

Wusstest du das?
Wenn der erste Tag von Rosch Haschana auf einen Schabbat fällt, blasen wir an diesem Tag nicht den Schofar. Das macht man so, damit niemand zu dem Fehler verleitet wird, an Schabbat einen Schofar zu tragen. Der zweite Tag von Rosch Haschana fällt nie auf den Schabbat, deshalb blasen wir den Schofar immer an diesem Tag.

5. Rosch Haschana gilt als *Jom Tow,* ein guter Tag, ein Tag der Freude. Wenn wir die Synagoge verlassen, sollten wir zuversichtlich sein, dass Haschem uns ein gesundes und glückliches Jahr schenken wird. Wir gehen nach Hause und essen und trinken wie an jedem anderen *Jom Tow,* auch wenn es ein ernster Tag ist.

Ein genauerer Blick
Unsere Weisen lehren uns, dass wir ein schlechtes Urteil über uns tatsächlich ändern können, wenn wir *Tschuwa* (Buße) tun, *Tzdaka* (wohltätige Spenden) geben und fleißig beten *(Tefila)*.

6. In der ersten Nacht von Rosch Haschana ist es üblich, die Menschen mit den Worten *„L'schana tova tikateivu v'teichateimu"* zu begrüßen.

Wusstest du das?
Das bedeutet: „Du sollst eingeschrieben und besiegelt sein für ein gutes Jahr. Wir wünschen allen ein glückliches und gesundes neues Jahr.

7. Es ist üblich, am Tag von Rosch Haschana nicht zu schlafen. Nach der Mahlzeit wird Tora gelernt oder es werden *Tehillim* rezitiert.

8. Am Abend von Rosch Haschana tauchen wir das erste Stück Challa, das wir essen, in Honig. Nachdem das Challa gegessen wurde, tauchen wir ein Stück Apfel in Honig, sprechen eine *Bracha* auf den Apfel und essen ihn. Wir bitten Haschem, uns ein gutes neues Jahr zu schenken.

Ein genauerer Blick
Wir tun dies, um zu zeigen, dass wir hoffen, dass Haschem uns ein Jahr schenkt, das so süß ist wie Honig.

Wusstest du das?
Es ist üblich, an Rosch Haschana runde Challot zu machen oder zu servieren..

9. Es ist Brauch, in der Nacht von Rosch Haschana bestimmte Lebensmittel zu essen. Entweder die Namen oder sonst etwas anderes an diesen Lebensmitteln symbolisiert etwas Gutes für das kommende Jahr. Bevor wir diese Lebensmittel essen, bitten wir Haschem um die Dinge, die die einzelnen Lebensmittel symbolisieren. Einige dieser Lebensmittel sind: Karotten, Kohl, Rüben, Datteln, Granatäpfel, Fisch, der Kopf eines Widders, eines Lamms oder eines Fisches, Kürbis.

Wusstest du das?
Es gibt verschiedene Gründe, diese symbolischen Lebensmittel zu essen. Einige der Lebensmittel schmecken süß (damit wir ein süßes Jahr haben werden), einige ihrer Namen - auf Hebräisch, Aramäisch oder in anderen Sprachen - verweisen auf Überfluss und Fülle (damit wir ein Jahr voller Mitzwot und Erfolg haben werden) oder auf Zerstörung (damit unsere Feinde vernichtet werden).

10. Am ersten Nachmittag von Rosch Haschana, nach *Mincha,* gehen wir zu einem Gewässer und sagen *Taschlich.*

Wusstest du das?
Taschlich ist ein Gebet, bei dem wir symbolisch unsere Sünden ins Wasser werfen. Wenn der erste Tag von Rosch Haschana auf einen Schabbat fällt, sagen wir Taschlich am zweiten Tag. Wenn ein Gewässer weit entfernt ist oder an Rosch Haschana keine Zeit übrig bleibt, kann Taschlich an jedem Tag bis Jom Kippur gesagt werden. Manche sagen Taschlich sogar bis zu Hoschana Rabba.

Jom Kippur

Haschem verzeiht dem jüdischen Volk

Es war der siebte Tag im Monat Siwan. Eine heilige Wolke hatte den Berg Sinai seit Rosch Chodesch bedeckt. Es herrschte absolute Stille. Kein Vogel zwitscherte, kein Hund bellte und kein einziges Blatt wehte im Wind. Haschem begann, die Worte der Zehn Gebote zu sprechen. „Ich bin Haschem, dein G-tt", sagte Er. Er fuhr mit dem zweiten Gebot fort. Aber der Klang von Haschems Stimme war so heilig und beängstigend, dass die Menschen ihr aus Angst nicht folgen konnten. Sie baten Mosche, den Rest der Zehn Gebote zu rezitieren, was er auch tat.

Dann nahm Haschem Mosche mit in den Himmel. Mosche blieb dort vierzig Tage und vierzig Nächte. In dieser Zeit lehrte Haschem ihn die gesamte Tora. Der vierzigste Tag war der sechzehnte Tag des Tammuz. Viele der Juden erwarteten, dass Mosche am sechzehnten Tammuz vom Berg herunterkommen würde. Aber sie hatten sich dabei vertan. Seine Rückkehr sollte erst am *nächsten* Tag sein. Und weil er eben nicht kam, dachten sie, Mosche sei tot! Sie formten ein Goldenes Kalb, um Mosche zu ersetzen.

Als Mosche herunterkam und sah, wie das Volk um das Goldene Kalb tanzte, zerschlug er die Zehn Gebote am Fuß des Berges. Dann nahm er das Kalb und zermalmte es zu Staub. „Wer für Haschem ist, soll zu mir kommen", rief Mosche. Der ganze Stamm der Levi kam zu Mosche. Dreitausend Menschen, die das Goldene Kalb anbeteten, wurden an diesem Tag getötet.

Wusstest du das?
Der siebzehnte Tag des Tammuz war der Tag, an dem Mosche die Zehn Gebote zerschlug. Es wurde für alle Zeiten ein trauriger Tag für das jüdische Volk. Zu den Tragödien, die sich am 17. Tammuz ereigneten, gehörte zum Beispiel, dass die Römer die äußere Stadtmauer Jerusalems durchbrachen und den zweiten *Beit HaMikdasch* zerstörten.

Ein genauerer Blick
Wie konnte es sein, dass das Volk so kurz nach all den Wundern, die Haschem in Ägypten und in der Wüste für es getan hatte, begann, einen Götzen anzubeten? Es lag daran, dass Mosche nicht an dem Tag kam, an dem sie ihn erwartet hatten. Sie hatten Angst, keinen Anführer zu haben, und sie wollten etwas, das sie mit Haschem verbinden würde. Das machte Haschem sehr zornig, denn es war verboten, ein solches Abbild zu schaffen oder anzubeten.

Am 19. Tammuz stieg Mosche wieder auf den Berg Sinai. Er wollte Haschem um Vergebung für die schreckliche Sünde des jüdischen Volkes mit dem Goldenen Kalb bitten. Wieder blieb er vierzig Tage und Nächte auf dem Berg und flehte Haschem an, seinem Volk zu vergeben.

Am 29. Aw kam Mosche ein zweites Mal den Berg hinunter. Er hatte Haschems Vergebung für das jüdische Volk erlangt. „Meißle ein neues Paar Steintafeln“, befahl Haschem Mosche, „und Ich werde darauf die Zehn Gebote schreiben“. Mosche stieg wieder auf den Berg. Haschem lehrte ihn erneut die Tora.

Nachdem er ein drittes Mal vierzig Tage lang auf dem Berg Sinai war, kam Mosche mit den neuen Tafeln der Zehn Gebote vom Berg herunter. Er sagte dem Volk: „Haschem hat euch jetzt vergeben.“

Der Tag, an dem Mosche mit den neuen Tafeln vom Berg herunterkam, war der zehnte Tag von Tischri. Dieser Tag wurde zu Jom Kippur. Er würde für alle Zeit ein Tag der Vergebung für das jüdische Volk sein.

Mosche gab dem Volk nun die zweiten Tafeln mit den Zehn Geboten. Sein Gesicht leuchtete in einem heiligen Licht, und die Menschen hatten Angst, sich ihm zu nähern. Deshalb bedeckte Mosche sein Gesicht, als er dem jüdischen Volk die Tora lehrte, aber sobald er mit Haschem sprach, entblößte er sein Gesicht.

Mosche begann nun, das Volk die gesamte Tora zu lehren - die Gesetze Haschems.

Ein genauerer Blick

Die ersten 40 Tage, die Mosche mit Haschem auf dem Berg Sinai war, waren eine gute Zeit. Haschem war glücklich mit Seinem Volk. Die zweiten vierzig Tage waren eine schlimme Zeit; Haschem war zornig auf Sein Volk wegen der Sünde des Goldenen Kalbes. Der dritte Zeitraum von vierzig Tagen war wieder eine gute Zeit. Haschem vergab Seinem Volk und war wieder einmal glücklich mit den Juden.

Wusstest du das?

Die Tora erzählt uns, dass Haschem „von Angesicht zu Angesicht“ zu Mosche sprach - also direkt. Mosche hatte eine engere Beziehung zu Haschem als jeder andere Mensch.

Heute bleiben die Menschen zu Jom Kippur den ganzen Tag in der Synagoge. Sie beten zu Haschem, damit ihr Name im Buch des Lebens versiegelt werde. Wir beten für ein Jahr voller Glück, Erfolg und Gesundheit.

Ein genauerer Blick

Rav Israel Salanter lehrte, dass es ein wunderbares Geschenk wäre, wenn wir nur einmal alle siebzig Jahre Jom Kippur und damit die Vergebung Haschems bekämen. Wie dankbar sollten wir daher sein, dass Haschem uns jedes Jahr an Jom Kippur die Möglichkeit gibt, *Tschuwa* zu tun und Er uns unsere Sünden vergibt!

Wusstest du das?

In der Zeit des *Beit HaMikdasch* wurde ein besonderer Jom-Kippur-G'ttesdienst abgehalten. An diesem einen Tag im Jahr durfte der Kohen Gadol das Allerheiligste betreten. Jom Kippur ist auch heute noch ein besonderer Tag des Fastens, Betens und Vergebens.

JOM KIPPUR - GEBOTE UND VERBOTE

1. Die ersten zehn Tage des jüdischen Jahres, die mit dem ersten Tag von Rosch Haschana beginnen und am Jom Kippur enden, werden *Aseret J'mei Tschuwa* genannt - die zehn Tage der Buße.

2. In den meisten Gemeinden wird zwischen Rosch Haschana und Jom Kippur *Kapparot* durchgeführt. Entweder ein Huhn oder Geld werden über dem Kopf geschwenkt und dazu wird ein Gebet gesprochen.

Ein genauerer Blick
In diesen Tagen müssen wir noch mehr als sonst darauf achten, Mitzwot zu tun und uns zu verbessern.

Wusstest du das?
Kapparot erinnert uns daran, dass wir es verdienen, für unsere Sünden bestraft zu werden. Huhn oder Geld treten symbolisch an die Stelle unserer Bestrafung. Wenn ein Huhn verwendet wird, wird dieses oder sein Preis an arme Menschen gespendet. Wenn Geld verwendet wird, wird dieses für wohltätige Zwecke gespendet.

3. Vor Jom Kippur sollten wir unsere Mitmenschen um Vergebung bitten, falls wir ihnen etwas Schlimmes angetan haben - absichtlich oder auch nur aus Versehen.

Ein genauerer Blick
An Jom Kippur machen wir *Tschuwa* und bitten Haschem, uns unsere Sünden zu vergeben. Aber wie können wir Ihn bitten, uns zu vergeben, wenn wir gegen andere Menschen gesündigt haben? Wir müssen zuerst Vergebung von den Menschen bekommen, die wir verletzt haben. Andererseits: Wie können wir Haschem um Vergebung bitten, wenn wir anderen, die uns um Vergebung gebeten haben, nicht vergeben haben? Wenn wir anderen verzeihen, hoffen wir, dass Haschem auch uns verzeihen wird.

4. Es gibt die besondere Mitzwa, an Erev Jom Kippur möglichst viel zu essen.

Wusstest du das?
Wenn eine Person (aus dem richtigen Grund) am Tag vor Jom Kippur isst, wird dies so angesehen, als ob sie an diesem Tag und an Jom Kippur gefastet hätte.

5. Während der *Mincha* an Erev Jom Kippur sprechen wir denselben *Widduj* (Beichte), den wir auch an Jom Kippur sprechen werden.

Ein genauerer Blick
Die Weisen wollen, dass wir diesen *Widduj* vor Jom Kippur sagen, für den Fall, dass wir ihn an Jom Kippur nicht mehr sagen können.

6. Bevor sie an Erev Jom Kippur in die Synagoge gehen, segnen die Eltern ihre Kinder.

Ein genauerer Blick
Die Heiligkeit von Jom Kippur hat bereits begonnen, und die Tore der Barmherzigkeit und der Buße sind bereits geöffnet. Eltern beten, dass ihren Kindern ein gutes und gesundes Leben vergönnt sein möge.

7. Männer tragen während der Gebete einen *Kittel*, sowohl in der Nacht als auch am Tag von Jom Kippur.

Wusstest du das?
Der weiße *Kittel* verleiht uns ein engelsgleiches Aussehen. Der *Kittel* erinnert uns auch an die weißen Leichentücher, die ein Mensch trägt, wenn er begraben wird. An Jom Kippur wird uns bewusst, dass jeder Mensch eines Tages sterben wird und wir dann vor Haschem stehen und für alles, was wir getan haben, ob gut oder schlecht, gerichtet werden. Manche Menschen tragen auch an Rosch Haschana einen *Kittel*.

8. An Jom Kippur ist es verboten, zu essen, zu trinken, sich zu waschen oder Lederschuhe zu tragen. Jede Arbeit, die am Schabbat verboten ist, ist auch an Jom Kippur verboten.

Wusstest du das?
In der Zeit des *Beit HaMikdasch* gab es einen besonderen G'ttesdienst, den der Kohen Gadol am Jom Kippur im *Beit HaMikdasch* abhalten musste. Am Ende dieses G'ttesdienstes ließ Haschem das Volk wissen, ob Er ihnen vergeben würde. Wenn ihnen vergeben wurde, gab es im ganzen Land große Freude, Tanz und Jubel.

9. Es ist erlaubt, an Jom Kippur „Schuhe" aus Gummi, Stoff oder anderen Materialien zu tragen. Nur Material, das Leder enthält, ist nicht erlaubt.

Wusstest du das?
Einige Arten von Turnschuhen enthalten Leder und dürfen an Jom Kippur nicht getragen werden.

10. Während der Zehn Tage der Buße und an Jom Kippur selbst grüßen wir einander mit *„G'mar chatima tova"*.

Wusstest du das?
Die Bedeutung der Worte - „Möge deine Einschreibung gut abgeschlossen werden" - ist: Wir hoffen, dass die Person im Buch des Lebens eingeschrieben wurde und dass ihr nur Gutes widerfährt.

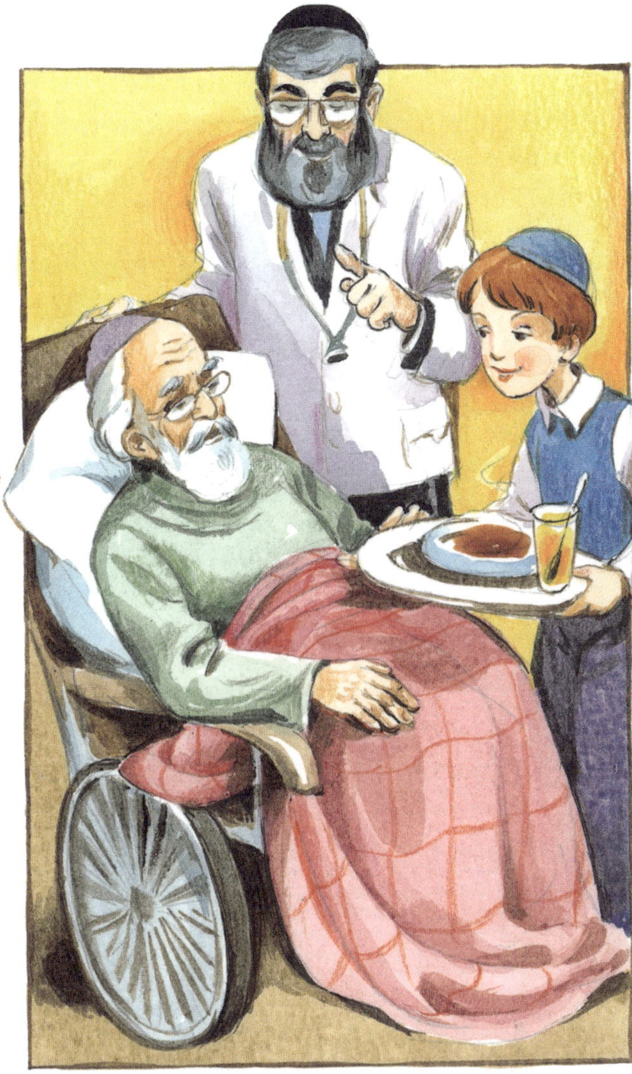

11. An Jom Kippur versuchen wir, mit so viel Kraft wie möglich zu beten.

12. Wenn jemand krank ist, sollte ein Rabbiner gefragt werden, ob die Person fasten soll oder nicht. Unter keinen Umständen darf ein Mensch sein Leben durch Fasten in Gefahr bringen.

Wusstest du das?
Einmal breitete sich eine Cholera-Plage (eine sehr gefährliche, lebensbedrohliche Krankheit) in der Stadt Vilna aus. Rav Israel Salanter verkündete, dass alle an Jom Kippur essen müssten, damit sie nicht schwach und sich die tödliche Krankheit einfangen würden. Er selbst ging auf die *Bima,* machte *Kiddusch* und aß.

13. Bevor Jom Kippur endet, sprechen wir ein zusätzliches Gebet - *Ne'ila*.

Ein genauerer Blick
Ne'ila bedeutet „schließen". Das ist unsere letzte Chance zu beten, bevor die himmlischen Tore der Buße, die während des Monats Elul und der *Aseret Jemei Tschuwa* weit geöffnet waren, geschlossen werden.

Wusstest du das?
Am Ende von Ne'ila wird der Schofar geblasen. Manche blasen einen langen Schlag. Aber es gibt auch andere Traditionen.

14. Jeden Monat sagen wir *Kiddusch Lewana*, ein besonderer Segen des Neuen Mondes. Es gibt auch den Brauch, *Kiddusch Lewana* direkt nach Jom Kippur zu sagen.

Ein genauerer Blick
Manche Menschen mögen es lieber, den Mond während *Aseret J'mei Tschuwa* zu segnen, damit sie vor Jom Kippur eine weitere Mitzwa erfüllt haben.

Sukkot

Haschem beschützt das jüdische Volk in der Wüste

Nach der Befreiung aus Ägypten begann das jüdische Volk seine Reise durch die Wüste nach *Eretz Israel.* Das war das Land, das Haschem ihm versprochen hatte: ein Land, in dem Milch und Honig fließen. Er führte die Juden aus Ägypten heraus, teilte das Schilfmeer (siehe Pessach, Seite 56) und brachte sie dann zum Berg Sinai, wo sie die Tora erhielten (siehe Schawuot, Seite 74).

„Ich schicke einen Engel vor euch her, der euch auf eurem Weg nach *Eretz Israel* führt und beschützt", sagte Haschem zu den Menschen. „Wenn ihr auf meine Gesetze hört, werdet ihr schnell und sicher dort ankommen."

Sobald die Reise durch die Wüste begann, beschützte Haschem das Volk mit *Ananej Hakavod* - Wolken der Herrlichkeit. Sie schützten die Menschen vor Unheil und Unbehagen, die die Wüste bereithielt: vor der Sonne am Tag und vor der Kälte in der Nacht. Die Menschen bauten sich auch *Sukkot*, also Unterstände oder Hütten.

Ein genauerer Blick

Die Tora sagt uns: „Deine Kinder sollen sieben Tage lang in *Sukkot* (Hütten) wohnen, damit sie wissen, dass Ich euch in Hütten wohnen ließ, als Ich euch aus Ägypten herausführte." Unsere Weisen lehren, dass wir, wenn wir in der Sukka sitzen, daran denken sollen, wie Haschem uns durch die Wolken der Herrlichkeit beschützt hat. Wir sollten auch an die Hütten denken, die das jüdische Volk in der Wüste gebaut hat.

Haschem befahl dem Volk, einen *Mischkan* zu bauen, und Er erklärte Mosche, wie er gebaut werden sollte. Nach dem ersten Jom Kippur in der Wüste sollte es Haschems „Wohnstätte“ auf Erden sein, während das Volk durch die Wüste wanderte. Das Volk würde dort Opfer darbringen und die Kohanim würden dort den heiligen Dienst verrichten. Das ganze Volk brachte Dinge, die für den Bau des *Mischkan* verwendet werden konnten.

Wusstest du das?
Die Juden begannen mit dem Bau des Mischkan am Tag nach Jom Kippur und waren am fünfundzwanzigsten Kislew mit der Herstellung aller Teile fertig. Aber Haschem sagte Mosche nicht, er solle den *Mischkan* bis Rosch Chodesch Nissan für den regelmäßigen Gebrauch errichten. Der fünfundzwanzigste Kislew sollte später der erste Tag von Chanukka werden.

Als der Mischkan endlich fertig war, machte sich das Volk auf den Weg weg vom Berg Sinai. Es reiste drei Tage lang mit der Heiligen Lade vor sich und den Wolken der Herrlichkeit, die sie beschützten.

Wusstest du das?
In der Tora werden die Wolken der Herrlichkeit sieben Mal erwähnt. Das lehrt uns, dass sieben verschiedene Wolken das jüdische Volk beschützten. Auf jeder der vier Seiten des Volkes befand sich eine Wolke, eine fünfte Wolke schwebte darüber, um es vor der Sonne zu schützen, eine sechste Wolke unter ihm, um die Füße zu schützen, und eine siebte Wolke vor ihm, sie flachte den Boden ab und tötete die gefährlichen Schlangen und Skorpione, die in der Wüste häufig vorkommen.

Während er mit Bundeslade unterwegs war, sagte Mosche: „Erhebe Dich, Haschem, und lass Deine Feinde zersteut und vernichtet werden. Lass die, die Dich hassen, vor Dir fliehen.“ Als das Volk nicht mehr weiterzog und die Lade abgestellt wurde, sagte Mosche: „Bleibe, Haschem, bei den vielen Tausenden Deines Volkes Israel.“

Jeden Tag lag *Man* auf dem Boden, so dass die Menschen etwas zu essen hatten.

Ein genauerer Blick
Man hatte die Form eines Samens und war weiß. Es schmeckte so, wie die Person sich das wünschte. Egal, wie viel man zu sammeln versuchte, jeder bekam die gleiche Menge, und wenn man Man über Nacht aufbewahrte, verdarb es. Am Freitag bekam jedoch jeder eine doppelte Portion *Man* - eine für den Freitag und eine für den Schabbat, an dem man draußen nichts tragen darf.

Die Juden hätten nach dem Bau des Mischkan direkt nach Eretz Israel gehen sollen. Mosche schickte zwölf Kundschafter aus, um das Land Israel auszukundschaften. Die Kundschafter waren sehr wichtige Männer, die Anführer der Stämme.

„Geht und seht, ob das Volk im Land Israel schwach oder stark ist“, sagte Mosche zu ihnen. „Seht nach, ob das Land fruchtbar ist.“

Nach vierzig Tagen kehrten die Kundschafter zurück. „Wir sind in dem Land gewesen und es ist tatsächlich ein Land, in dem Milch und Honig fließen. Aber die Menschen, die dort leben, sind stark und sie leben in großen, befestigten Städten. Wir haben sogar Riesen gesehen! Im Vergleich zu ihnen sehen wir wie Heuschrecken aus! Wir werden sie nicht besiegen können!" Zwei der Kundschafter, Jehoschua und Kalev, standen auf und sagten: „Das Land, das wir gesehen haben, ist sehr, sehr gut. Und wenn Haschem will, dass wir es erobern, dann werden wir das tun. Rebelliert nicht gegen Haschem und habt keine Angst vor diesen Leuten!“ Aber das Volk glaubte ihnen nicht. Es bekam große Angst und weinte die ganze Nacht. „Lasst uns einen neuen Anführer finden, der uns zurück nach Ägypten bringt, wo wir in Sicherheit sind“ sagte es.

Es war eine große Sünde des Volks, Haschem nicht zu vertrauen. „Die Kundschafter, die Schlechtes über das Land gesagt haben, werden durch eine Plage sterben“, befahl Haschem. „Das Volk wird vierzig Jahre lang in der Wüste wandern, und alle, die nicht auf mich vertraut haben, werden sterben. Nur ihre Kinder werden das Land betreten können. Aber auch Jehoschua und Kalev werden *Eretz Israel* betreten und Land erhalten.“

Ein genauerer Blick
Die Nacht, in der das Volk weinte, war der neunte Tag des Aw. Weil die Juden in dieser Nacht - Tischa B'Aw - weinten, verfügte Haschem, dass dieser Tag immer ein trauriger Tag für die Juden bleiben sollte.

Haschem beschützte weiterhin die Menschen in der Wüste. Er schenkte ihnen einen Brunnen für den Verdienst von Mirjam, Mosches Schwester. Die Menschen hatten immer genug zu trinken. Aber gegen Ende der vierzig Jahre starb Mirjam und der Brunnen versiegte. „Warum habt ihr uns in diese Wüste gebracht, damit wir verdursten?“, beschwerte sich das Volk. Haschem sagte zu Mosche: „Nimm deinen Stock und rede mit dem Felsen. Dann wird es Wasser für die Menschen geben.“

„Ihr rebelliert gegen Haschem!“, sagte Mosche zu den Menschen. Er hob seinen Stock und schlug auf den Felsen. Wasser sprudelte hervor und die Menschen konnten trinken.

Ein genauerer Blick
Das jüdische Volk war fast vierzig Jahre lang in der Wüste umhergezogen. Solange Mirjam am Leben war, folgte der Brunnen ihnen. Als sie starb, versiegte der Brunnen. Das lehrt uns, dass wir oft durch das Verdienst von rechtschaffenen Menschen gerettet und beschützt werden.

Wusstest du das?
Haschem befahl Mosche, zu dem Felsen zu sprechen, aber Mosche schlug den Felsen. Weil er nicht tat, was Haschem ihm gesagt hatte, wurde Mosche bestraft. Er würde es nicht schaffen, *Eretz Israel* zu betreten. Er starb mit denen seiner Generation in der Wüste. Das zeigt, wie vorsichtig wir sein müssen, um die Gebote Haschems genau befolgen zu können.

Einmal kam Bilaam, der böse Prophet der Nichtjuden, um die Juden zu verfluchen. Aber Haschem beschützte die Juden erneut in der Wüste. Er zwang Bilaam, das Volk zu segnen. Haschem wollte nicht, dass seinem Volk etwas zustoßen würde.

Ein genauerer Blick

Die Menschen hatten ihre Zelte sehr sittsam aufgestellt, so dass der Eingang des einen Zeltes nicht gegenüber dem des anderen lag. Auf diese Weise konnte niemand in das Zelt anderer schauen. Als Bilaam sah, wie sittsam das jüdische Volk war, segnete er es, anstatt es zu verfluchen.

Wusstest du das?

Bis heute kennen wir den genauen Ort nicht, an dem *Mosche Rabbeinu* begraben ist.

Im Alter von 120 Jahren starb Mosche in der Wüste. Vierzig Jahre nach dem Auszug aus Ägypten betrat das jüdische Volk unter der Führung von Mosches Schüler Jehoschua das Land Israel.

Der Feiertag Sukkot heißt *Z'man Simchaseinu* - Zeit unserer Freude. Nachdem wir während Elul, Rosch Haschana und Jom Kippur *Tschuwa* getan haben, feiern wir unsere Hoffnung, dass uns vergeben wurde und uns ein gutes neues Jahr beschert ist.

Pessach, nachdem wir aus Ägypten befreit worden waren, ist das erste Fest, das wir gefeiert haben. Dann feierten wir Schawuot, als wir die Tora erhielten. Sukkot schließt die Reihe der Feste ab.

Die Tora nennt Sukkot auch *Chag Ha'asif, das* Fest des Sammelns. Sukkot liegt am Ende des Sommers, wenn die Ernte abgeschlossen ist und sie für den langen, kalten Winter eingelagert wird. Das ist ein weiterer Grund zur Freude.

SUKKOT - GEBOTE UND VERBOTE

1. Es ist üblich, in der Nacht nach Jom Kippur mit dem Bau der Sukka zu beginnen.

Ein genauerer Blick
Wir wollen von einer Mitzwa zur nächsten gehen. Um zu zeigen, dass unsere *Tschuwa* an Jom Kippur aufrichtig war, beginnen wir sofort mit einer neuen Mitzwa.

Wusstest du das?
Die Tora befiehlt uns, während Sukkot in der Sukka zu leben. Das soll uns an zwei Ereignisse erinnern: (1) Als Haschem uns aus Ägypten herausführte, schickte Er Wolken der Herrlichkeit, um uns in der Wüste zu beschützen. (2) Haschem gab uns Sukkot (kleine Hütten) in der Wüste, um uns vor der Sonne zu schützen.

2. Die Wände der Sukka müssen stark genug sein, um nicht von einem normalen Wind umgeblasen zu werden.
3. Das Dach der Sukka besteht aus *S'chach*.

Wusstest du das?
Im Grunde kann *S'chach* aus allem gemacht werden, was aus dem Boden wächst, außer aus Dingen, die man essen kann. Allerdings darf *S'chach* nicht mehr direkt aus dem Boden wachsen, mit ihm verbunden sein. Es sollte genug *S'chach* auf dem Dach angebracht werden, damit es mittags, wenn die Sonne sehr hell ist, in der Sukka mehr Schatten als Licht gibt; aber am besten ist es, wenn *S'chach* nicht ganz dicht gelegt wird, damit du Sterne sehen kannst, wenn du nachts nach oben schaust.

4. Die meisten Menschen hängen schöne Dekoration in die Sukka.

Ein genauerer Blick
Wir sollten immer versuchen, jede Mitzwa so schön wie möglich zu gestalten.

5. Die Tora lehrt, dass wir sieben Tage lang so in der Sukka leben sollen, wie wir auch gewohnt sind in unseren Häusern zu leben. Wenn das Wetter nicht zu schlecht ist, sollten wir in der Sukka essen, dort schlafen und auch dort lernen.

Ein genauerer Blick
Es steht geschrieben, dass wir schon im Monat Tischrei in der Sukka leben sollen, obwohl Haschem uns schon im Monat Nissan mit Seinen Wolken der Herrlichkeit beschützt hatte, als Er uns aus Ägypten herausgeführt hat. Der Grund dafür ist, dass Nissan im Frühling liegt, wenn viele Menschen hinaus gehen, um Zeit im Freien zu verbringen. Tischrei ist im Herbst, wenn es kälter wird. Das zeigt allen, dass wir in unsere Sukka einziehen, weil Haschem das so von uns will, und nicht, weil das Wetter schön ist.

6. Wenn wir in der Sukka essen, sagen wir den Segen:

בָּרוּךְ אַתָּה אֲ-דֹנָי אֱ-לֹהֵינוּ מֶלֶךְ הָעוֹלָם, אֲשֶׁר קִדְּשָׁנוּ בְּמִצְוֹתָיו וְצִוָּנוּ לֵישֵׁב בַּסֻּכָּה.

Gesegnet seist Du, Haschem, unser G‘tt, König des Universums, Der uns mit Seinen Mitzwot geheiligt hat und uns befohlen hat, in der Sukka zu leben.

Ein genauerer Blick
Ein großer Rabbiner sagte einmal: „Ich kann die Sukka mit allem von mir betreten, sogar mit dem Schlamm an meinen Schuhen.“ Er wollte damit sagen, dass der Aufenthalt in der Sukka im Gegensatz zu anderen Mitzwot seinen ganzen Körper mit einbezieht, nicht nur einen Teil von ihm. Er meinte auch, dass Sukkot eine Chance ist, Haschem näher zu kommen, auch wenn wir mit Sünden befleckt sind.

7. Die Tora legt fest, uns an Sukkot einen *Lulaw* (einen Wedel von einer Dattelpalme), einen *Etrog* (eine Zitrone)*, Haddasim* (Myrtenzweige) *und Arawot* (Weiden) zu nehmen. Üblich ist es, drei *Haddasim* und zwei *Arawot* zu nehmen.

Wusstest du das?
Der *Lulaw, der Etrog, die Haddasim* und die *Arawot* werden zusammen als *„Arba Minim"* - die vier Arten - bezeichnet.
Der *Etrog,* der sowohl einen guten Geruch als auch einen guten Geschmack hat, ist wie ein *Tzaddik*. Ein Tzaddik studiert Tora und tut gute Taten.
Der Zweig des *Lulaw-Baums* (eine Dattelpalme), dessen Früchte gut schmecken, aber nicht angenehm riechen, ist wie jemand, der die Tora studiert, aber keine guten Taten tut.
Die *Haddasim,* die gut riechen, aber keinen guten Geschmack haben, sind wie jemand, der die Tora nicht studiert, aber gute Taten vollbringt. Die *Arawot,* die keinen Geruch und keinen guten Geschmack haben, sind wie jemand, der weder Tora studiert noch gute Taten tut.
Wenn wir alle vier Minim zusammenhalten, zeigen wir, dass alle Juden und Jüdinnen immer als Einheit vereint sind.

8. An jedem Tag von Sukkot, außer am Schabbat, nehmen wir die Vier Arten. Der *Lulaw, die Haddasim* und die *Arawot* werden zusammengebunden, wobei der *Lulaw* in der Mitte steht. Neben der „Wirbelsäule" des *Lulaws sollten* die drei *Haddasim rechts sein* und die beiden *Arawot* links. Wir nehmen dieses Bündel in die rechte Hand und den *Etrog, der* auf dem Kopf steht, in die linke Hand. Wir sprechen die *Bracha* und drehen den *Etrog* mit dem Pitom nach oben. Dann schwenken wir die Vier Arten in alle sechs Richtungen (die vier Seiten und nach oben und unten). Es gibt verschiedene Bräuche, was die Reihenfolge der Richtungen anbelangt.

Ein genauerer Blick
Jedes der *Arba Minim* ist wie ein Teil unseres Körpers geformt. Der *Etrog* ist wie das Herz geformt, der *Lulaw* ist wie die Wirbelsäule geformt, die *Haddasim* sind wie Augen geformt und die *Arawot* sind wie ein Mund geformt. Wenn wir die *Arba Minim* zusammen schwenken, zeigen wir, dass wir Haschem mit unserem ganzen Herzen und unserem ganzen Körper dienen wollen.

Wusstest du das?
Ein Linkshänder nimmt den Lulaw in die linke Hand und den Etrog in die rechte.

9. *Uschpisin* bedeutet Gäste. Es ist eine Mitzwa, Gäste zu unseren Jom Tow-Mahlzeiten einzuladen. Unsere Sukka ist so heilig, dass wir jeden Tag auch sieben besondere Gäste in sie einladen können. Diese besonderen Gäste sind die sieben Führer unseres Volkes: Avraham, Jizchak, Jaakov, Josef, Mosche, Aharon und David HaMelech.

Wusstest du das?
Wir erhalten eine ganz besondere Belohnung dafür, wenn wir Sukkot in der Sukka verbringen: das Privileg, die *Schechina* (Haschems heilige Gegenwart) und auch diese sieben besonderen Gäste in unsere Sukka einladen und willkommen heißen zu können.

10. An den ersten sechs Tagen von Sukkot (außer am Schabbat) nimmt jeder seine vier Arten und geht damit während des Morgengebets um die *Bima*. Während dessen spricht man ein Gebet namens *Hoschanot*.

11. Am siebten Tag, der Hoschana Rabba genannt wird, werden alle *Sifrei Tora* aus dem *Aron Kodesch* herausgenommen und auf der *Bima* aufbewahrt. Alle (außer denjenigen, die eine Tora in der Hand halten) gehen sieben Mal um die *Bima,* während sie die *Arba Minim* halten und das *Hoschanot-Gebet* sprechen. Dann nimmt jede Person ein Bündel mit fünf *Arawazweigen* und schlägt es auf den Boden.

Ein genauerer Blick
Im *Beit HaMikdasch* gingen die Menschen um den *Mizbei'ach, den* Altar, herum und hielten Arawazweige in der Hand.

Wusstest du das?
Manche Menschen folgen dem Brauch, die ganze Nacht von Hoschana Rabba wach zu bleiben, um Tora zu studieren. In dieser Nacht wird unser Urteil von Jom Kippur endgültig besiegelt.

12. Der achte Tag von Sukkot ist ein weiterer *Jom Tow*. Er heißt Schmini Azeret.

Ein genauerer Blick
In Nusach-Sefard-Gemeinden werden alle *Sifrei Tora* nach dem *Maariw* aus dem *Aron Kodesch* genommen und sieben Mal um die Bima getragen (das nennt man *Hakafot*). Während jeder dieser sieben Runden singen und tanzen die Menschen, um ihre große Liebe zur Tora zu zeigen.

Wusstest du das?
In *Eretz Israel* ist Hoschana Rabba der letzte Tag, an dem wir in der Sukka sitzen. Außerhalb von Eretz Israel essen die meisten Menschen an Schmini Azeret ihre Mahlzeiten in der Sukka, sprechen aber nicht den Sukka-Segen. An Simchat Tora essen wir nicht mehr in der Sukka.

13. An Schmini Azeret sprechen wir das Gebet für Regen: *Tefilat Geschem*.

Ein genauerer Blick
In *Eretz Israel* regnet es zwischen Pessach und Sukkot fast nie. Deshalb ist es sehr wichtig, dass es in den Wintermonaten regnet, damit es genug Wasser für die Früchte und Pflanzen und zum Trinken gibt. Juden auf der ganzen Welt beten dieses besondere Gebet an Schmini Azeret und bitten Haschem um ausreichend Regen für den kommenden Winter.

14. Simchat Tora bedeutet „das Fest der Tora“. So wird der Tag genannt, an dem wir den letzten Abschnitt der Tora lesen. Wir machen eine große Feier in der Synagoge, und fangen auch gleich wieder mit der Tora bei *Bereschit* an. In Eretz Israel fallen Simchat Tora und Schmini Azeret auf denselben Tag. Außerhalb von Eretz Israel ist Simchat Tora der Tag nach Schmini Azeret.

Wusstest du das?
An Simchat Tora gibt es *Hakafot* am Abend und am Morgen. In den meisten Gemeinden wird jeder Mann und jeder Junge zur Tora gerufen. Alle kleinen Kinder werden als Gruppe zur Tora gerufen. Sie stehen unter einem großen *Tallit* und sagen die *Bracha* zusammen mit einem Erwachsenen. In vielen Synagogen werden sogar Kinder unter dem Bar-Mizwa-Alter einzeln zur Tora gerufen.

Chanukka

Wiedereinweihung des *Beit HaMikdasch*

Antiochus war ein syrisch-griechischer König, der das Land Israel etwa 200 Jahre nach dem Bau des Zweiten *Beit HaMikdasch* regiert hat. Er war sehr böse. Er stahl Gold- und Silbergefäße aus dem *Beit HaMikdasch* und betrat sogar das Allerheiligste. „Ich werde nicht zulassen, dass das jüdische Volk Haschem anbetet“, sagte er. „Alle Juden müssen sich wie Griechen verhalten und unsere Götzen und Götter anbeten.“ Er ließ ein Götzenbild in den *Beit HaMikdasch* stellen.

Er machte Gesetze, die verboten, dass jüdische Babys eine *Brit* bekamen und die verboten, Schabbat oder Rosch Chodesch zu halten. Niemandem war es erlaubt, Tora zu lernen. Viele Juden wählten den Tod, anstatt griechische Götzen anzubeten.

Ein genauerer Blick

Einige der Juden verhielten sich wie Griechen. Diese Juden wurden Hellenisten *(Mitjavnim)* genannt. Die Hellenisten versuchten, andere Juden davon zu überzeugen, sich wie sie zu verhalten. Manchmal halfen sie den Griechen sogar dabei, Juden zu bestrafen, die die Tora halten wollten.

Wusstest du schon?

Zu den mutigen Menschen, die sich weigerten, Hellenisten zu werden, gehörten Channa und ihre sieben Söhne. König Antiochus wollte, dass sie sich vor einem Götzen verneigten. Jeder Sohn weigerte sich und wurde gefoltert und getötet, einer nach dem anderen. Nachdem alle sieben Söhne getötet worden waren, kletterte sie selbst auf ein Dach und sprang in den Tod.

Außerhalb der Stadt Jerusalem, in der Stadt Modi'in, lebte ein Mann namens Matitjahu. Er war ein Kohen. Eines Tages kamen die Soldaten des Königs nach Modi'in. „Matitjahu", bellten sie, „König Antiochus verlangt, dass du den Wegen der Hellenisten folgst und nicht mehr den Gesetzen deiner Tora. Er will, dass du ein Schwein auf seinem Altar opferst. Wenn du das tust, wird der König dich sehr reich machen." Aber natürlich würde Matitjahu so etwas nie tun.

In diesem Moment trat ein jüdischer Mann an den Altar heran und begann, dem griechischen Götzen ein Schwein zu opfern. Matitjahu wurde wütend. Er ergriff ein Schwert und tötete den jüdischen Mann auf der Stelle. Dann tötete er alle Soldaten.

„Wer für Haschem ist, kommt mit mir!", rief er den Juden zu.

Matitjahu und seine fünf Söhne verließen zusammen mit vielen Anhängern all ihr Hab und Gut und zogen in die Berge. Dort konnten sie die Gesetze Haschems befolgen und sich auch auf den Krieg gegen Antiochus vorbereiten.

Sechstausend Juden schlossen sich der Armee von Matitjahu an. Nachts griffen sie die Syrer-Griechen an und zerstörten ihre Götzen und ihre Armeestützpunkte.

Irgendwann war Matitjahu ein alter Mann. Bevor er starb, rief er seine fünf Söhne zusammen und sagte ihnen: „Folgt weiterhin den Wegen Haschems und gebt diesen Kampf nicht auf. Alle Juden müssen in der Lage sein, die Gesetze der Tora ohne Angst zu befolgen." Matitjahus Sohn Juda führte diese Gruppe tapferer Soldaten weiter an. Seine Anhänger wurden Makkabäer genannt.

Wusstest du schon?

Es gibt ein paar mögliche Gründe, warum die jüdische Armee die Makkabäer genannt wurde. Ein Grund dafür ist, dass das von dem Wort מַקֶּבֶת (makevet) kommt, das Hammer bedeutet. Andere vermuten, dass das Wort מַכַּבִּי (Makkabäer) für die Worte מִי כָמוֹכָה באלים ה׳ steht, was bedeutet: „Wer ist wie Du unter den Starken, o Haschem!" Eine andere Erklärung wäre, dass das Wort eine Abkürzung sein könnte für מַתִּתְיָהוּ בֶּן יוֹחָנָן הַכֹּהֵן, Matitjahu der Kohen, Sohn von Jochanan.

Wusstest du schon?

Während des Aufstands der Makkabäer gab es eine jüdische Frau namens Jehudit. Sie ging zum Zelt von Holofernes, dem syrisch-griechischen Feldherrn, wo sie diesem eine große Menge Käse zu essen gab, um ihn durstig zu machen. Dann gab sie ihm Wein, der ihn betrunken und müde machte. Als er einschlief, schlug sie ihm den Kopf ab. Als die griechischen Soldaten sahen, dass ihr Feldherr tot war, rannten sie voller Angst davon.

Einmal marschierte ein großes Heer von syrisch-griechischen Soldaten auf die Makkabäer zu. Die Juden hatten Angst und zitterten und fragten: „Wir sind eine kleine und schwache Gruppe von Männern. Wie können wir diese große Armee bekämpfen?“

Juda erinnerte sich an die Worte seines Vaters. „Wenn wir auf Haschem vertrauen“, hatte dieser gesagt, „macht es keinen Unterschied, ob wir eine große oder eine kleine Armee sind. Haschem wird uns helfen, den Feind zu besiegen!"

Juda und die Makkabäer gewannen Schlacht um Schlacht gegen die große syrisch-griechische Armee. Die Syrer-Griechen kehrten beschämt nach Hause zurück.

Juda sagte zum jüdischen Volk: „Gelobt sei Haschem. Lasst uns jetzt zum *Beit HaMikdasch* gehen, ihn von allen Götzen reinigen und ihn Ihm wieder heilig machen.“

Sie stiegen auf den Tempelberg. Dort sahen sie den *Beit HaMikdasch* eingewachsen in Unkraut und Gras. Alle begann, den Beit HaMikdasch wieder zu reinigen.

Aus Steinen bauten sie einen neuen Altar und stellten fest, dass die Menora gestohlen worden war. Die Kohanim nahmen sieben Eisenstangen, überzogen sie mit Zink und bauten daraus eine neue Menora.

„Aber woher sollen wir reines Olivenöl nehmen, um die Menora anzünden zu können?“, fragten sie Juda. Sie suchten überall, aber alles Öl, das sie fanden, war nicht mehr rein. Schließlich fanden sie einen Krug mit Öl, auf dem noch das Siegel des Kohen Gadol zu finden war. Es war rein! „Wir haben Öl, aber es wird nur für einen Tag reichen“, sagten die Kohanim. „Aber um neues Öl herzustellen, werden wir acht Tage brauchen.“ Aber da geschah ein großes Wunder. Die kleine Menge reinen Öls brannte die ganzen acht Tage, bis die Kohanim neues Öl zubereitet hatten. Die Menschen waren voller Freude, tanzten und beteten zu Haschem und dankten Ihm.

Die Juden zündeten ihre neue Menora am fünfundzwanzigsten Tag des Kislew an. Im darauffolgenden Jahr machten die Rabbiner einen achttägigen Feiertag zu Ehren dieses besonderen Wunders. Dieser Feiertag heißt Chanukka.

Ein genauerer Blick

Öffne *Sefer Bereschit* in der Tora und zähle jedes Wort, bis du zum 25. Dieses Wort lautet אור, was Licht bedeutet. Dies ist ein Hinweis in der Tora auf Chanukka, das am 25. Kislew gefeiert wird.

Wusstest du schon?

Das Wort Chanukka bedeutet „Einweihung“. Der Festtag wurde Chanukka genannt, weil das jüdische Volk den *Beit HaMikdasch* wieder einweihte und Opfer darbringen konnte. Außerdem ist das Wort Chanukka eine Kombination aus den Wörtern *„Chanu“*, was „sie ruhten“ bedeutet, und den Buchstaben „chaf“ und „heh“, die im Hebräischen fünfundzwanzig ergeben. Die Juden waren siegreich und ruhten sich am fünfundzwanzigsten Tag des Kislew vom Krieg aus.

CHANUKKA - GEBOTE UND VERBOTE

1. An Chanukka, das am fünfundzwanzigsten Tag des Monats Kislew beginnt, zünden wir jeden Abend ein Licht der Menora an, und wir tun dies acht Nächte lang. Eine Person kann stellvertretend für die ganze Familie die Lichter zünden. In den meisten Familien zünden alle Männer und Jungen ihre jeweils eigene Menora an. In vielen Familien zünden auch Mädchen an. In aschkenasischen Gemeinden ist es üblich, dass jeder in der Familie - außer der Frau, für die deren Mann anzündet - seine eigene Menora anzündet.
2. In der ersten Nacht von Chanukka entzünden wir die Flamme ganz rechts auf der Menora, zudem zünden wir den *Schamasch an* (eine zusätzliche Kerze, die von den anderen getrennt ist). In jeder der folgenden Nächte wird eine neue Flamme hinzugefügt. Die neue Flamme wird zuerst entzündet. In der achten Nacht werden alle

Wusstest du schon?
Es gibt zwei Orte, an denen die Menora aufgestellt werden kann. Sie kann an einem Ort aufgestellt und angezündet werden, an dem Menschen außerhalb des Hauses sie sehen können. Auf diese Weise zeigen wir der Welt, dass ein großes Wunder geschehen ist und jeder davon wissen soll. Die Menora kann auch im Inneren des Hauses, unter einem Türrahmen gegenüber der *Mesusa*, angezündet werden. Dann haben wir Mitzwot auf beiden Seiten von uns - die Menora auf der linken Seite und die *Mesusa* auf der rechten Seite.

acht plus der *Schamasch* angezündet.

3. Zum Anzünden der Menora können entweder Kerzen oder Öl verwendet werden, aber es ist besser, Olivenöl zu benutzen.
4. Die Chanukka-Lichter dürfen nicht zum Lesen, zum Anzünden oder für irgendetwas anderes verwendet werden. Sie sind nur für die Mitzwa.
5. Die Chanukka-Kerzen müssen nach Einbruch der Dunkelheit mindestens eine halbe Stunde lang brennen.

Wusstest du schon?
Wir verwenden Olivenöl, weil das Wunder der Menora im *Beit Ha-Mikdasch* mit Olivenöl geschah.

Ein genauerer Blick
Der *Schamasch* sollte höher oder niedriger als die anderen Flammen sein. Das macht deutlich, dass der *Schamasch* nicht zu den Chanukka-Lichtern gehört. Der *Schamasch* kann auch für andere Zwecke verwendet werden.

6. An Chanukka ist es üblich, Kartoffel-Latkes oder Sufganiot zu essen.

Ein genauerer Blick
Diese Speisen werden in Öl zubereitet, was uns an das Ölwunder zu Chanukka erinnert.

7. Es ist üblich, an Chanukka Milchprodukte zu essen, da Jehudit dem griechischen Feldherrn Käse zu essen gegeben hat, um ihn durstig zu machen. Dann gab sie ihm Wein zu trinken. Als er von dem Wein einschlief, tötete sie ihn.

8. Kinder spielen an Chanukka Dreidel.

Wusstest du schon?
Außerhalb von Eretz Israel werden die Buchstaben ש, ה, ג, נ auf die vier Seiten des Dreidels geschrieben. Das steht für die Worte, נֵס גָּדוֹל הָיָה שָׁם - ein großes Wunder geschah **dort**. In Eretz Israel erscheint der Buchstabe פ anstelle des Buchstabens ש auf dem Dreidel. Das פ steht für das Wort פֹּה, was „hier" bedeutet. So stehen die vier Buchstaben für נֵס גָּדוֹל הָיָה פֹּה - ein großes Wunder geschah **hier**, denn das Chanukka-Wunder geschah in *Eretz Israel*. Dieser Dreidel erinnert uns daran, wie die Kinder zur Zeit der Chanukka-Geschichte heimlich zusammenkamen, um Tora zu lernen. Wenn sie Soldaten kommen hörten, begannen sie mit den Dreideln zu spielen, um den Anschein zu erwecken, dass sie nur spielten. Das Dreideln ist auch eine Möglichkeit, kleinen Kindern das Wunder von Chanukka zu erklären.

9. An Chanukka fügen wir das Gebet *„Al HaNissim"* hinzu, wenn wir das *Schemone Esrei* und *Birkat HaMazon* beten.

Wusstest du schon?
Das Gebet *Al HaNissim* erzählt vom Wunder von Chanukka: wie Haschem den schwachen Gerechten half, die vielen bösen und starken Menschen zu besiegen.

Purim

HASCHEM RETTET DAS JÜDISCHE VOLK

König Achaschwerosch saß auf seinem Thron in Schuschan, der Hauptstadt von Persien. „Ich bin der mächtigste Mann auf der ganzen Welt“, dachte er. „Ich regiere 127 Länder von Indien bis Äthiopien. Ich werde ein großes Fest veranstalten, um allen zu zeigen, wie reich und stark ich bin."

Es war ein großartiges Fest. Sechs Monate lang aßen und tranken die Menschen so viel, wie sie nur konnten. Sogar die goldenen und silbernen Gefäße, die viele Jahre zuvor aus dem *Beit HaMikdasch* gestohlen worden waren, wurden bei diesem Fest zur Schau gestellt.

Danach veranstaltete der König ein zweites Fest, dieses Mal nur für die Leute aus Schuschan. Achaschwerosch wurde sehr betrunken. „Bringt Waschti, die Königin, sofort zu mir“, bellte er. „Ich möchte, dass alle sehen, wie schön meine Frau ist.“

Aber Waschti wollte nicht kommen. „Was glaubt er, wer er ist?“, dachte Waschti. „Wer ist er, dass er mich so herumkommandieren kann? Ich bin die Königin von Persien!"

Wusstest du schon?
König Schlomo baute den ersten *Beit HaMikdasch* in Jerusalem. 410 Jahre lang diente das jüdische Volk dort Haschem. Dann kam König Nebukadnezar aus Babylonien, zerstörte den Tempel und verbannte die Juden nach Babylonien. Einundfünfzig Jahre später kamen die Armeen von Persien und besiegten die Babylonier. Viele der Juden aus Babylonien wurden dann nach Persien gebracht.

Ein genauerer Blick
Waschti, die Enkelin von Nebukadnezar, war eine sehr böse Frau. Sie zwang jüdische Mädchen, harte Arbeit für sie zu verrichten, besonders am Schabbat. Außerdem half sie, den König davon zu überzeugen, den Juden den Wiederaufbau des *Beit HaMikdasch* in Jerusalem zu verbieten.

Als Achaschwerosch erfuhr, dass Waschti nicht kommen würde, wurde er wütend. Er traf sich mit seinen Weisen. Sie sagten, die Königin sollte getötet werden, weil sie seinen Befehl ignoriert habe. Achaschwerosch befahl seinen Männern, sie zu töten.

Nachdem er Waschti getötet hatte, war König Achaschwerosch sehr traurig und einsam. „Eure Hoheit, wir werden im ganzen Königreich nach einer schönen neuen Königin für dich suchen", rieten seine Diener. Diese Idee machte den König sehr glücklich.

Die Frauen kamen aus dem ganzen Königreich, und die Offiziere des Königs zwangen die Frauen sogar, zu kommen. Aber der König fand keine, die er für sich als seine Königin akzeptieren konnte.

Dann brachten die Beamten des Königs eine Jüdin namens Esther. Als Achaschwerosch sie sah, wusste er sofort, dass sie seine Königin werden sollte.

Esther war die Cousine von Mordechai, einem großen Rabbiner und der Anführer der Juden, die in Schuschan lebten. Er war Mitglied des Großen Sanhedrins, des jüdischen Hohen Gerichts, und das ganze Volk respektierte ihn. „Sag dem König nicht, dass du Jüdin bist", warnte Mordechai Esther. Und sie hörte auf alles, was er ihr sagte.

Ein genauerer Blick

Während ihres Aufenthalts im Palast achtete Esther darauf, nur koscheres Essen zu essen. Sie hielt auch den heiligen Schabbat ein.

Wusstest du schon?

Esthers Eltern waren nicht mehr am Leben, also zog Mordechai sie in seinem eigenen Haus auf. Esther hatte auch noch einen anderen Namen: Hadassa.

Eines Tages, als er beim Tor des Königs saß, hörte Mordechai, wie zwei Diener, Bigsan und Seresch, planten, den König zu töten. Er berichtete dies sofort Esther, die dem König in Mordechais Namen davon berichtete. Der König ließ die Geschichte überprüfen, und es zeigte sich, dass sie wahr war. „Lasst diese beiden Diener töten!“, befahl der König.

Die Geschichte, wie Mordechai den König gerettet hat, wurde im Tagebuch des Königs festgehalten.

Ein böser Mann namens Haman wurde der Stellvertreter Achaschweroschs. Haman war derjenige, der Achaschwerosch empfohlen hatte, Waschti zu töten, weil diese nicht zum Fest gekommen war.

Wusstest du schon?
Die beiden Diener sprachen in einer Sprache namens Tarsi. Sie dachten, niemand würde sie verstehen. Aber weil Mordechai ein Mitglied des Sanhedrins war, verstand er alle siebzig Sprachen und daher verstand er, was sie sagten.

„Jeder muss sich vor mir verbeugen, wenn ich die Straße entlang gehe“, forderte Haman. Aber Mordechai wollte sich nicht beugen. Das machte Haman sehr wütend. „Ich werde Mordechai und das ganze jüdische Volk töten“, beschloss er. Haman ließ das Los darüber entscheiden, welches Datum das beste wäre, um alle Juden zu töten. Er legte den 13. Tag von Adar, dem zwölften Monat des Jahres, dafür fest.

Nachdem er das Datum ausgewählt hatte, eilte Haman zu Achaschwerosch, um ihm von seiner Idee zu erzählen. „In deinem Königreich lebt eine bestimmte Gruppe von Menschen, die anders sind als alle anderen“, erklärte Haman. „Sie folgen ihren eigenen Gesetzen und hören nicht auf die Gesetze des Königs. Das ist schlecht für dein Königreich - ich denke, du solltest sie vernichten. Wenn du das tust, werde ich persönlich zehntausend Silberstücke zu deiner königlichen Schatzkammer hinzufügen.“

Der König stimmte schnell zu. „Nimm meinen königlichen Ring und tu, was du willst“, sagte er zu Haman. Mit dem Ring des Königs konnte Haman jedes Gesetz erlassen, das er wollte. „Das Silber kannst du für dich behalten.“

Wusstest du schon?
Die zehntausend Silberstücke, die Haman Achaschwerosch anbot, entsprachen 750 Tonnen Silber - eine enorme Menge Geld! Haman dachte, Adar wäre ein guter Monat, um die Juden zu töten, denn das war der Monat, in dem Mosche *Rabbeinu* gestorben war. Haman wusste nicht, dass Mosche *Rabbeinu* auch im Adar geboren worden war! Mosche *Rabbeinu* wurde am selben Tag geboren , an dem er auch gestorben ist, - dem 7. Adar.

Wusstest du schon?
Haman ließ sich ein Götzenbild auf seine Kleidung nähen. Deshalb wollte sich Mordechai nicht vor ihm verbeugen. Haman war ein Nachkomme von Amalek, dem Enkel von Esaw. Esaw und Amalek und die Völker, die ihre Namen trugen, haben das jüdische Volk immer gehasst. Nach dem Exodus aus Ägypten war Amalek das erste Volk, das das jüdische Volk in der Wüste angriff.

Ein genauerer Blick
König Achaschwerosch hasste die Juden. Er war mehr als glücklich darüber, dass Haman sie vernichten wollte.

Haman rief die Schriftgelehrten des Königs zusammen. „Schreibt heute im Namen des Königs einen Brief an die Herrscher aller Länder, dass alle Juden am 13. Tag des Monats Adar getötet werden sollen.“ Er versah die Briefe mit dem offiziellen Siegel des Königs. Der Brief wurde ein paar Tage vor Pessach verschickt. Der 13. Adar würde elf Monate später sein. Als die Juden von Schuschan diesen Brief an den Wänden hängen sahen, waren sie verwirrt.

Ein genauerer Blick

Warum sagt die Megilla, dass das jüdische Volk verwirrt war? Sie hätten doch eher Angst haben müssen! Das lag daran, dass viele der Juden aufgehört hatten, sich wie Juden zu verhalten. Sie verhielten sich wie Perser und betrachteten sich selbst als Perser und nicht als Juden. Sie konnten nicht glauben, dass die Perser sie töten wollten.

Als Mordechai von dem Erlass hörte, zerriss er seine Kleidung und legte Sack und Asche auf sich. „Ihr müsst Buße tun“, sagte er dem jüdischen Volk. „Nur Haschem kann Haman und seinen bösen Plan aufhalten.“ Die Juden fasteten und weinten und flehten Haschem an, sie zu retten. Mordechai schickte Esther eine Nachricht über den bösen Erlass. Er ließ sie wissen: „Du musst vor den König gehen und ihn bitten, den bösen Erlass zu zerreißen.“

Wusstest du schon?

Mordechai wollte Esther zu verstehen geben, dass sie zwar Königin wäre, dies aber nicht ausreiche, um sie vor Hamans bösem Erlass zu retten.

„Niemand darf zum König gehen, ohne dass er von ihm gerufen wurde - auch ich nicht!“, erklärte Esther. „Wenn ich ohne Erlaubnis zu ihm gehe, könnte ich getötet werden!“ Aber Mordechai bestand darauf. „Haschem hat viele Wege, sein Volk zu retten“, erklärte er. „Entweder du gehst, oder Haschem wird auf andere Weise helfen. Aber du wirst deine Chance verpassen! Vielleicht hat Haschem dich deshalb zur Königin gemacht.“

Ein genauerer Blick

Zehntausende von Juden versammelten sich im Zentrum von Schuschan. Mordechai las aus einer Tora, die in Leichentücher eingewickelt war. Er las den Abschnitt vor, in dem dem jüdischen Volk gesagt wird, wie Haschem sie bestrafen würde, wenn sie sündigen würden.

„Dann sag dem Volk, dass es drei Tage lang fasten und beten soll“, forderte Esther. „Keiner soll essen oder trinken. Dann werde ich vor den König treten und tun, was du verlangst.“

Am dritten Tag kleidete sich Esther in ihre königlichen Kleider und ging auf den König zu. „Ich weiß, dass der König mich dafür töten lassen kann, aber ich muss tun, was ich kann, um meinem Volk zu helfen“, dachte sie.

Achaschwerosch war sehr überrascht, sie zu sehen. Er hob sein Zepter und forderte sie auf, näher zu kommen. „Was wünscht meine Königin?“, fragte er. „Du kannst alles haben, was du willst, sogar die Hälfte meines Königreichs.“

„Wenn es dem König gefällt“, antwortete Esther, „möchte ich, dass der König und Haman heute zu einer besonderen Feier kommen, die ich vorbereitet habe“.

„Sag Haman, er soll sich beeilen, dann gehen wir gemeinsam zum Fest der Königin, so wie du es verlangt hat“, sagte Achaschwerosch.

Später, auf der Party, fragte der König erneut: „Esther, sag mir, was du willst. Du kannst alles haben, was du willst, sogar die Hälfte meines Königreichs.“

Esther sah den König an. „Es ist mein Wunsch“, sagte sie, „dass du und Haman morgen zu einem zweiten Fest kommt. Dann werde ich dem König alles sagen, was er wissen will.“

Ein genauerer Blick
Esther wollte, dass Haman auch auf dem Fest ist, damit sie ihm eine Falle stellen kann.

Wusstest du schon?
Der König versuchte ständig herauszufinden, wer Esther wirklich war und wer ihr Volk war. Esther meinte, dass sie es ihm auf dem Fest endlich sagen würde.

Als er das Fest verließ, war Haman sehr gut gelaunt, bis er Mordechai sah, der sich weigerte, sich vor ihm zu verbeugen. Dann rannte er nach Hause und rief nach seiner Frau und seinen Freunden. Er prahlte vor ihnen damit, wie reich und mächtig er wäre. Sogar Königin Esther lud ihn zu ihren privaten Festen ein! Aber er war immer noch so wütend, dass Mordechai sich nicht vor ihm verbeugen wollte. Was konnte er tun?

„Warum nicht einen hohen Galgen bauen? Morgen früh kannst du den König um die Erlaubnis bitten, Mordechai daran aufzuhängen“, sagten sie. „Dann wirst du glücklich sein!“ Haman konnte nicht bis zum Morgen warten. Er beschloss, den Galgen sofort zu bauen und eilte mitten in der Nacht zum König, um ihn um Erlaubnis zu bitten, Mordechai zu hängen.

Während dies in Hamans Haus geschah, konnte der König nicht schlafen. Er bat darum, dass sein persönliches Tagebuch mitgebracht und ihm vorgelesen würde.

Der König hörte sich die Geschichten an, die ihm vorgelesen wurden. Er hörte wieder davon, wie Mordechai sein Leben vor den Mordplänen von Bigsan und Seresch gerettet hatte.

„Was wurde getan, um Mordechai dafür zu ehren, dass er mein Leben gerettet hat?“, fragte der König. „Nichts“, antwortete der Diener. In diesem Moment betrat Haman den Hof des Königs. Der König forderte ihn auf, hereinzukommen. „Haman“, fragte der König, „was sollen wir für einen Mann tun, den der König ehren will?“

Ein breites Lächeln erschien auf Hamans Gesicht. „Zweifellos bin *ich* es, den der König ehren will, denn ich bin sein Lieblingsdiener“, dachte er. Er sagte: „Die Person, die der König ehren möchte, soll in königliche Gewänder gekleidet werden und auf dem königlichen Pferd durch die Straße geführt werden, und zwar von einem wichtigen Diener, der ruft: ‚So wird mit dem Mann verfahren, den der König ehren will.‘

Ein genauerer Blick
Es war eine sehr geschäftige Nacht. Esther war mit den Vorbereitungen für ihr Fest beschäftigt, Mordechai war mit Lernen und Beten beschäftigt, Haman war mit dem Bau des Galgens beschäftigt und der König war damit beschäftigt, sich sein Tagebuch vorlesen zu lassen.

Ein genauerer Blick
Schritt für Schritt wird Haman seinem endgültigen Untergang näher gebracht.

Wusstest du schon?
Als Hamans Tochter hörte, wie jemand rief: „Das ist es, was man mit einem Mann tut, den der König ehren will“, war sie sicher, dass es Mordechai sein würde, der ihren Vater ehrte. Sie warf einen Topf mit verrottetem Müll auf den Mann, der das Pferd führte. Als sie merkte, dass es ihr Vater war, sprang sie vom Dach und starb.

„Dann beeil dich. Hol die königlichen Gewänder und das Pferd, von dem du gesprochen hast, und tu alles, was du gesagt hast mit Mordechai, dem Juden!“, befahl der König. „Pass auf, dass du nichts auslässt!“

Haman war schockiert. Er wollte seinen Feind nicht ehren, aber er musste tun, was der König befahl. Er kleidete Mordechai in die königlichen Gewänder, führte ihn auf dem königlichen Pferd durch die Straßen und verkündete: „So geht es einem Mann, den der König verehren will!“

Haman kehrte sehr traurig nach Hause zurück. Zeresch, seine Frau, sagte zu ihm: „Wenn du erst einmal angefangen hast, gegen Mordechai, der ein Jude ist, zu verlieren, wirst du nicht mehr gegen ihn bestehen können. Du wirst weiter fallen!"

Kaum hatte sie zu Ende gesprochen, kamen die Wachen des Königs und brachten Haman zu Esthers Fest.

Esthers zweites Fest begann. „Sag mir, meine Königin“, fragte Achaschwerosch, „was willst du? Ich gebe dir sogar bis zur Hälfte meines Königreichs“.

„Jetzt werde ich es dir sagen“, antwortete Esther. „Ich bitte nicht für mich, sondern für mein Volk. Es gibt eine böse Person, die mein Volk zerstören will. Bitte, oh König, rette mein Volk!"

„Wer ist die Person, die es wagt, so etwas zu tun?“, brüllte der König.

„Es ist kein anderer als dieser böse Mann, dieser böse Haman“, antwortete Esther.

Das Gesicht des Königs verzog sich vor Wut. Haman flehte um sein Leben. Charona, ein Diener im Palast, zeigte auf den Galgen, den Haman gerade gebaut hatte, und sagte: „Sieh mal, Haman hatte sich sogar vorgenommen, Mordechai zu töten, den Menschen, der dem König das Leben gerettet hat.“

„Nehmt Haman“, rief der König, „und hängt ihn an den Galgen“.

Nachdem Haman gehängt worden war, brachte Esther Mordechai zum König und erklärte ihm, dass er ihr Verwandter sei. „Ihr könnt Hamans gesamten Besitz haben“, sagte Achaschwerosch zu Esther und Mordechai. Und der König gab Mordechai den königlichen Ring und machte ihn damit zum mächtigsten Menschen im Land.

Aber Hamans Erlass, die Juden zu töten, war immer noch Gesetz. Also ging Esther zurück zu Achaschwerosch und bat ihn, ihr Volk zu retten. Der König sagte, dass sie und Mordechai ein neues Gesetz schreiben könnten.

Mordechai und Esther schickten einen neuen Brief ins Land, mit dem sie allen mitteilten, dass sich die Juden am 13. Tag des Adar - dem Tag, an dem Haman geplant hatte, die Juden zu töten - verteidigen könnten. Sie konnten nun jeden vernichten, der sie angriff. An diesem Tag kamen die Juden in jeder Stadt zusammen und besiegten alle Feinde, die sie töten wollten. In Schuschan töteten die Juden 500 Männer, darunter die zehn Söhne Hamans.

Wusstest du schon?
Haman wurde an einem Galgen gehängt, der 50 *Amos* (etwa 100 Fuß) hoch war. Er war so hoch, dass jeder in Schuschan sehen konnte, was aus dem Feind der Juden geworden war.

Wusstest du schon?
Die 500 Menschen, die in Schuschan getötet wurden, waren alle Nachkommen von Amalek. Haman wurde im Monat Nissan, während des Pessachfestes, gehängt. Die Juden durften sich 11 Monate später, am 13. Adar, verteidigen.

Im Rest des persischen Reiches wurden weitere 75.000 Menschen getötet.

All das geschah am dreizehnten Tag des Monats Adar. Die Juden ruhten am nächsten Tag, dem vierzehnten, und feierten ihn als einen glücklichen Tag, an dem sie Geschenke und Almosen gaben.

In Schuschan, der Hauptstadt, bat Esther um die Erlaubnis, dass die Juden ihre Feinde auch am nächsten Tag töten durften. Sie wollte auch, dass Hamans zehn Söhne an den Galgen gehängt würden, den Haman für Mordechai gebaut hatte. In dieser Stadt dauerten die Kämpfe bis zum vierzehnten Tag von Adar an, und die Juden feierten am fünfzehnten Tag.

Die Rabbiner legten fest, dass der vierzehnte Adar der Feiertag Purim sein sollte. In Schuschan und in den Städten, die zu der Zeit, als die Juden zum ersten Mal *Eretz Israel* betraten, Mauern um sich hatten, so bestimmten die Rabbiner, sollte der fünfzehnte Adar Purim sein sollte. Jerusalem ist eine solche Stadt.

Die Juden wurden wieder einmal von Haschem gerettet.

Ein genauerer Blick
Obwohl Haschems Name in der Megilla nie erwähnt wird, sehen wir ständig Seine Hand, die alle Ereignisse lenkt. Nichts ist zufällig passiert. Alles wurde von Haschem geplant.

Ein genauerer Blick
Die gleichen Leute, die die Juden vernichten wollten, wurden nun selbst vernichtet.

PURIM - GEBOTE UND VERBOTE

1. Purim wird am vierzehnten Tag des Monats Adar gefeiert. Unsere Weisen lehren uns, dass der Monat Adar ein Monat der Freude für das jüdische Volk ist.

2. Der dreizehnte Tag des Adar ist ein Fastentag. Er wird *Ta'anit Esther* genannt.

Wusstest du schon?

Das jüdische Volk fastete normalerweise an dem Tag, an dem es gegen seine Feinde kämpfte. Außerdem bat Königin Esther die Juden, drei Tage und Nächte lang zu fasten und zu beten, bevor sie zu König Achaschwerosch ging, um mit ihm zu sprechen. Auch wenn dieses Fasten nicht im Monat Adar stattfand (sondern im Monat Nissan), fasten wir kurz vor Purim, dem Feiertag, an dem das Wunder gefeiert wird, das geschah, als Esther zum König ging.

Ein genauerer Blick

Anstatt getötet zu werden, durften die Juden ihre Feinde am dreizehnten Tag des Adar töten. Sie feierten ihren Sieg am vierzehnten Tag, dem heutigen Purimfest. In Schuschan, der Hauptstadt, durften die Juden ihre Feinde am vierzehnten Tag des Adar töten. Deshalb feierten sie auch am fünfzehnten Tag von Adar, der Schuschan Purim genannt wird.

Unsere Weisen stellten die Regel auf, dass alle Städte, die - wie Schuschan - von einer Mauer umgeben waren, Purim am fünfzehnten Adar feiern sollten. Aber zu dieser Zeit lag *Eretz Israel* in Trümmern, und unsere Weisen wollten nicht, dass nur Städte außerhalb von *Eretz Israel* diesen besonderen Status hätten. Also beschlossen sie, dass jede Stadt, die zur Zeit Jehoschuas (das ist die Zeit, in der die Juden Eretz Israel vor über 900 Jahren erobert haben) eine Mauer hatte, Purim am fünfzehnten Tag des Adar feiern sollte, genau wie Schuschan. Jerusalem ist die einzige Stadt, von der wir sicher wissen, dass sie damals eine Mauer hatte, und Purim wird dort am Schuschan Purim gefeiert - dem fünfzehnten Adar.

3. An Purim wird aus der Pergamentrolle Megillat Esther gelesen. Es wird daraus nachts und morgens gelesen.

4. Bevor Purim beginnt, ist es üblich, *Machatzit HaSchekel zu spenden* - eine Münze, die die Hälfte des an diesem Ort verwendeten Geldes wert ist.

Wusstest du schon?
Die Megilla erzählt die Geschichte von Purim. Wenn die Menschen den Namen Haman hören, machen sie Lärm oder stampfen mit den Füßen, um seinen Namen „auszulöschen". Haman stammte aus Amalek, dem Volk, das der ewige Feind des jüdischen Volkes ist. Die Person, die die Megilla liest, sagt die Namen von Hamans zehn Söhnen in einem Atemzug auf. Das hat damit zu tun, dass sie alle zur gleichen Zeit gehängt wurden.

Wusstest du schon?
Die Menschen geben die Hälfte der Münzwährung, die in ihrem Land verwendet wird. Je nachdem, wo sie leben, geben sie entweder einen halben Euro, ein halbes Pfund, einen halben Schekel oder einen halben Dollar.
Dieser halbe Wert erinnert uns an den halben Schekel, der zur Zeit des *Beit HaMikdasch,* im Monat Adar, für den Kauf von öffentlichen Opfern gegeben wurde. Brauch ist es, drei halbe Münzen zu geben.

Wusstest du schon?
Al HaNissim erzählt uns von dem Wunder von Purim - wie Haman versuchte, das jüdische Volk zu vernichten, aber Haschem rettete uns und vernichtete stattdessen Haman und seine Söhne.

5. An Purim fügen wir das Gebet *„Al HaNissim„* hinzu, wenn wir *Schmone Esre* und *Birkat HaMazon* beten.

6. An Purim müssen wir mindestens einem Freund oder einer Freundin zwei verzehrfertige Lebensmittel schicken. Das wird *Mischloach Manot* genannt. Außerdem sind wir verpflichtet, mindestens zwei armen Menschen Almosen zu geben. Das nennt man *Matanot L'Evjonim*.

Wusstest du schon?
Sowohl Männer als auch Frauen sind verpflichtet, *Mischloach Manot* und *Matanot L'Evjonim zu geben*. Unsere Weisen lehren uns, dass es wichtiger ist, an Purim Almosen an arme Menschen zu geben, als ein ausgefallenes *Mischloach Mano* oder Purim-Essen zu richten.

7. Wir feiern Purim, indem wir fröhlich sind, essen und Wein trinken.

Wusstest du schon?
Am Purimtag müssen wir *Seudas Purim* essen - ein besonderes Purimessen.

8. Vor allem für Kinder ist es außerdem üblich, sich an Purim zu verkleiden. Dann gehen wir in die Häuser der Leute, um zu singen, zu tanzen und fröhlich zu sein.

Wusstest du schon?
Manche nennen als Grund, warum sich Menschen verkleiden, den folgenden: Das Purimwunder unterscheidet sich von vielen anderen Wundern dadurch, dass die Hand Haschems während der gesamten Geschichte verborgen blieb. Um uns daran zu erinnern, „verstecken" wir uns hinter unseren Kostümen.

Pessach

Der Exodus aus Ägypten

"Deine Kinder werden Fremde in einem fremden Land sein", sagte Haschem zu Avraham Avinu. „Sie werden Sklaven sein und leiden. All das wird über einen Zeitraum von vierhundert Jahren geschehen. Am Ende kommen sie frei und werden reich. Und Ich werde das Volk bestrafen, das sie zu Sklaven gemacht hat."

Etwa zweihundertzwanzig Jahre später gab es in vielen Ländern keine Nahrung mehr, auch nicht im Land Kanaan, wo Avrahams Enkel Jaakov und seine Kinder lebten. Um nicht zu verhungern, zogen Jaakov und seine Söhne nach Ägypten hinunter. Sie lebten in der Gegend von Goschen in Ägypten.

Ein genauerer Blick

Dass die Juden nach Ägypten gekommen waren, hatte bereits 22 Jahre zuvor seinen Ursprung, als nämlich die Söhne Jaakovs ihren Bruder Josef als Sklaven verkauft hatten und die Käufer diesen nach Ägypten gebracht hatten. In Ägypten wurde Josef fälschlicherweise eines Verbrechens beschuldigt und ins Gefängnis geworfen. Dort deutete er die Träume von zwei Dienern des Pharaos richtig. Als der Pharao später einen Traum hatte, den niemand erklären konnte, erzählte man daraufhin ihm von Josef, den man holte, um den Traum des Pharaos zu deuten. Josef sagte voraus, dass Ägypten sieben Jahre lang zu viel Nahrung haben würde und dann sieben Jahre lang zu wenig. Er riet dem Pharao, während der ersten sieben Jahre Lebensmittel zu lagern, damit er später für die Menschen genug Nahrung haben würde. Der Pharao sagte, wenn Josef klug genug sei, die Träume zu verstehen, sollte er das Land leiten. Als Jaakov und seine Söhne später nach Ägypten kamen, sorgte Josef dafür, dass sie im Land Goschen leben konnten, und er stellte sicher, dass sie alles hatten, was sie brauchten.

Jahre später, nachdem alle Söhne Jaakovs gestorben waren, trat ein neuer König an, um Ägypten zu regieren. Für diesen spielten all die guten Dinge, die Josef gemacht hatte, zum Beispiel hatte er ja eine Hungerkatastrophe verhindert und dabei auch die Kassen des Pharaos reich gefüllt, keine Rolle mehr.

„Es gibt zu viele Juden!", beschwerte sich der neue Pharao bei seinen Beratern. Haschem hatte das jüdische Volk gesegnet, und die Frauen brachten sechs Kinder auf einmal zur Welt! „Lasst uns die Juden überlisten", sagte der Pharao, „und sie zu unseren Sklaven machen". Und das taten sie dann auch. Die Juden wurden im Land Ägypten zu Sklaven gemacht, die harte Arbeit verrichteten mussten.

Aber die Ägypter waren immer noch besorgt. Sie sahen, dass mehr und mehr Juden unter ihnen lebten. Eines Tages machten die Astrologen des Pharaos eine schockierende Vorhersage: „Wir sehen, dass bald ein jüdisches Baby geboren wird, das das jüdische Volk befreien und aus Ägypten herausführen wird!“

„Das können wir nicht zulassen“, rief der König. „Alle jüdischen kleinen Jungen werden in den Nil geworfen und ertränkt.“

Wusstest du das?
Der Pharao befahl den jüdischen Hebammen, alle jüdischen Jungen zu töten, sobald sie geboren waren. Aber Jocheved und ihre Tochter Mirjam, die beiden jüdischen Hebammen, hörten nicht auf ihn. „Wir können nichts tun“, sagten sie dem Pharao. „Die jüdischen Frauen sind sehr schlau und rennen aufs Feld und gebären dort, bevor wir überhaupt ankommen.“ Auf diese Weise konnten sie viele jüdische Babys retten. Da Jocheved und Mirjam ihm nicht halfen, befahl der Pharao seinen Soldaten, alle jüdischen kleinen Jungen in den Fluss zu werfen.

Eines Nachts brachte Jocheved, die Hebamme, einen Jungen zur Welt. „Was werden wir mit unserem Baby machen?“, fragte Jocheved ihren Mann Amram. „Die ägyptischen Soldaten werden ihn sicher finden und in den Nil werfen!“

Drei Monate lang versteckte Jocheved das Baby in ihrem Haus. Dann wurde das zu gefährlich. Jocheved legte das Baby in einen Korb und gab diesen auf den Fluss. „Lass uns beten, dass Haschem ihn rettet“, dachte Jocheved.

Mirjam wachte über ihren kleinen Bruder, der in seinem Körbchen auf dem Fluss schwamm.

Batja, die Tochter des Pharaos, war auf dem Weg, um im Fluss zu baden. „Was ist das?“, fragte sie ihre Dienerinnen, als sie den Korb sah. Batja streckte ihren Arm aus und griff nach dem Korb. Drinnen sah sie ein wunderschönes kleines Baby, das weinte. Sie konnte erkennen, dass es ein Jude war. Batja hatte Mitleid mit dem kleinen Baby.

Batja wies ihre Dienerinnen an, das Baby zu füttern, aber das Kind weigerte sich zu essen. Dann kam Mirjam zu Batja und sagte: „Vielleicht sollte ich eine jüdische Frau suchen, die ihn füttert?“ Batja stimmte zu, und Miraim brachte das Baby zu Jocheved, die es dann in ihrem eigenen Haus aufzog. Als das Baby etwas älter geworden war, brachte man es zurück in den Palast des Pharaos. „Ich werde es Mosche nennen“, erklärte Batja, „denn das bedeutet ‚gezogen' und er ist ja aus dem Wasser gezogen worden“.

Wusstest du das?
Mosche wurde am 7. Tag des Monats Adar im Jahr 2368 geboren, an dem Tag, an dem die Welt erschaffen wurde.

Mosche wurde im königlichen Palast wie ein Prinz erzogen. Die Menschen dort liebten es, mit ihm zu spielen. Einmal, als er noch sehr klein war, saß er auf dem Schoß des Pharaos. Plötzlich ergriff Mosche die Krone des Pharaos und setzte diese sich selbst auf den Kopf.

Alle Minister und Bediensteten guckten schockiert. „Das ist ein Zeichen dafür, dass er sich eines Tages gegen den Pharao auflehnen wird!“, sagten sie.

Sie beschlossen, das Kind einem Test zu unterziehen, um zu sehen, ob es wusste, was es tat. Sie legten goldene und rote heiße Kohlen auf ein Tablett. Dann stellten sie das Tablett vor Mosche hin. „Mal sehen, ob er weiß, was wirklich wertvoll ist, oder ob er nur alles will, was glänzt“, sagten sie. „Wenn er das Gold nimmt, wissen wir, dass er die Krone des Pharaos mit Absicht genommen hat.“ Mosche wollte nach dem Gold greifen, aber ein Engel kam und lenkte seine Hand Richtung der brennenden Kohle. Mosche, der immer noch die Kohle in der Hand hielt, steckte sich die Hand in den Mund und verbrannte sich die Zunge. Von diesem Zeitpunkt an sprach er nicht mehr deutlich.

Mosche wuchs zu einem jungen Mann heran. Er wusste, dass er Jude war und wollte wissen, wie die anderen Juden behandelt wurden. Eines Tages ging er spazieren. Er sah einen ägyptischen Mann, der einen jüdischen Sklaven schlug. Mosche lief hin und tötete den Ägypter. Am nächsten Tag versuchte Mosche, einen Streit zwischen zwei jüdischen Männern zu beenden. Die beiden Männer waren Dassan und Aviram. Sie waren schlechte Menschen. „Was willst du mit uns machen?“, fragte Dassan. „Wirst du uns auch töten, so wie du den Ägypter getötet hast?“

Auch der Pharao hörte von der Geschichte und wollte Mosche töten lassen. Mosche erkannte, dass er nicht länger in Ägypten bleiben konnte.

Mosche floh aus Ägypten und kam in Midian an. Er sah eine Gruppe von Hirten, die ein paar Frauen verjagen wollten, die versucht hatten, Wasser aus einem Brunnen zu schöpfen. Mosche stand den Frauen vor den Schafhirten bei und gab den Schafen Wasser. Diese Frauen waren die Töchter von Jitro, einem midianitischen Priester. Mosche heiratete später eine von Jitros Töchtern, Tzippora.

In Ägypten verschlechterte sich die Situation der Juden von Tag zu Tag. Sie beteten zu Haschem, Er möge sie aus ihrem Elend retten und sie aus Ägypten herausführen. Haschem erhörte ihre Gebete. Er war nun bereit, einen Boten zu wählen, um das jüdische Volk zu retten.

Mosche folgte eines Tages einem verlorenen Lamm durch die Wüste, als er einen Dornbusch sah, der zu brennen schien. Er sah Feuer, aber der Busch verbrannte nicht! Mosche näherte sich dem Busch. Plötzlich hörte er eine Stimme aus dem Inneren des Busches.

Ein genauerer Blick

Haschem erschien Mosche in einem Dornenbusch, dem niedrigsten aller Büsche. Später erschien Er ihm auf dem Berg Sinai, einem der kleinsten Berge, um uns die Tora zu geben. Das lehrt uns, demütig zu sein.

Wusstest du das?

Der brennende Dornbusch, den Mosche sah, befand sich am Berg Sinai, wo Haschem eines Tages dem jüdischen Volk seine Tora geben sollte.

„Mosche, Mosche", rief die Stimme.

„Hier bin ich", antwortete Mosche.

„Komm nicht näher", fuhr die Stimme fort. „Zieh deine Schuhe aus. Der Boden, auf dem du stehst, ist heilig! Ich bin der G-tt eurer Väter, der G-tt Avrahams, der G-tt Jizchaks und der G-tt Jaakovs."

Mosche erschrak sehr. Er hatte Angst, in den brennenden Busch zu schauen.

„Ich habe das Leid Meines Volkes in Ägypten gesehen", sagte Haschem. „Ich will es aus Ägypten herausführen in ein Land, in dem Milch und Honig fließen. Ich werde dich als Meinen Boten zum Pharao schicken, und du wirst Mein Volk aus Ägypten herausführen."

„Aber wer bin ich, dass ich zum Pharao gehe?",antwortete Mosche.

„Ich werde mit dir sein", sagte Haschem. „Geh einfach hin und sag den Menschen, dass Ich dich geschickt habe, um sie zu retten. Aber du solltest wissen, dass der Pharao Mein Volk nicht so einfach hinauslassen wird. Am Ende werde ich große Wunder gegen die Ägypter anwenden."

Wusstest du das?

Der Stab in Mosches Hand gehörte zuerst Adam *HaRischon*, und er wurde über Generationen weitergegeben, bis er Avraham, Jizchak und Jaakov erreichte. Später erreichte er Mosche. Dieser Stab wird es auch sein, den *Maschiach* eines Tages halten wird, wenn das jüdische Volk wieder erlöst sein wird.

Da Mosche darauf bestand, dass er der Aufgabe nicht gewachsen sein würde, schickte Haschem Mosches älteren Bruder Aharon mit ihm, um zum jüdischen Volk und zum Pharao zu sprechen.

Mosche und Aharon kamen im Palast des Pharaos an. „Haschem, der G‘tt Israels, hat uns zu dir geschickt, um dir zu befehlen, Sein Volk aus Ägypten ziehen zu lassen, damit es Ihn in der Wüste anbeten kann!“

Wusstest du das?
Mosche war 80 Jahre alt, als er in den Palast des Pharaos kam. Aharon war 83 Jahre alt.

Der Pharao lachte sie aus. „Wer ist dein G-tt, dass ich auf ihn hören sollte?“ Daraufhin ordnete der Pharao an, dass die Arbeit der Juden noch härter werden sollte. Er sagte, sie seien faul und wollten nur eine Ausrede, um nicht zu arbeiten. „Sie wollen Ägypten verlassen? Ich werde sie etwas lehren!“, erklärte er.

Bis dahin gaben die Ägypter den Juden Stroh, das sie zur Herstellung von Ziegeln benötigten. Aber der Pharao wollte, dass sie härter arbeiteteten. „Gib ihnen kein Stroh. Lass sie die gleiche Menge an Ziegeln machen, aber lass sie selbst dafür Stroh finden.“

Das machte einige Juden wütend auf Mosche und Aharon. „Ihr seid gekommen, um uns zu retten?“, beschwerten sie sich. „Aber jetzt müssen wir nur noch härter arbeiten!“

Dann sagte Haschem zu Mosche, dass Er Plagen bringen würde, um den Pharao zu zwingen, die Juden ziehen zu lassen. Haschem sagte zu Mosche: „Sag Aharon, er soll seinen Stab über den Nil strecken und ihn berühren. Das ganze Wasser in Ägypten wird sich in Blut verwandeln! Sogar das Wasser in den Trinkbechern der Ägypter!“

Aharon schlug mit seinem Stab auf das Wasser und das ganze Wasser in Ägypten wurde zu Blut. Alle Fische im Wasser starben und begannen schlecht zu riechen. Diese Plage dauerte sieben Tage lang.

Wusstest du das?
Wasser, das den Juden gehörte, wurde nicht zu Blut. Wenn ein Ägypter Wasser von einem Juden nahm, wurde es zu Blut; aber wenn er das Wasser von einem Juden kaufte, blieb es Wasser. Haschem befahl Aharon, nicht Mosche, das Wasser zu berühren. Das Wasser, das Mosche gerettet hatte, als er noch ein Baby war und in einem Korb auf dem Fluss trieb, sollte nicht von ihm „geschlagen“ werden. Das lehrt uns, jedem, der uns einen Gefallen tut, immer dankbar zu sein.

Insgesamt brachte Haschem zehn Plagen über die Ägypter: 1) Blut 2) Frösche 3) Ungeziefer 4) wilde Tiere 5) der Tod der Haustiere 6) Geschwüre 7) Hagel 8) Heuschrecken 9) Finsternis 10) der Tod der Erstgeborenen.

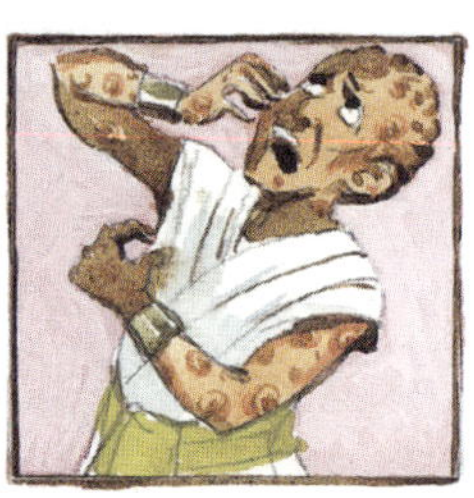
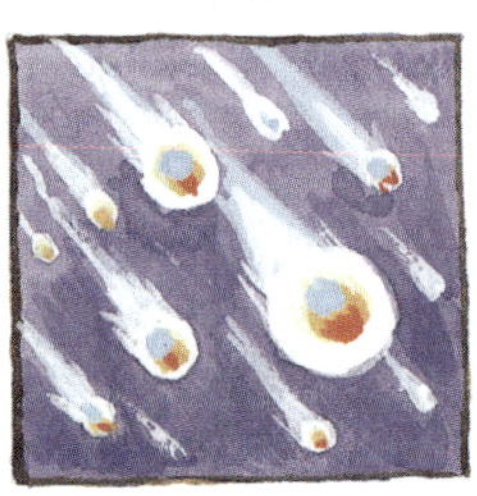

Schließlich, nach der zehnten Plage, der Tötung aller erstgeborenen Ägypter, rief der Pharao zu Mosche gerichtet: „Verlasst Ägypten sofort, du und alle Juden!“

Wusstest du das?
Genau um Mitternacht des 15. Nissan tötete Haschem alle ägyptischen Erstgeborenen.

Ein genauerer Blick
Den Juden wurde befohlen, ein *Korban Pessach* zu bringen. Sie mussten ein Schaf schlachten und etwas von dem Blut des Tieres an ihre Türrahmen streichen. Dann würde Haschem ihre Häuser während der zehnten Plage auslassen, wenn alle ägyptischen Erstgeborenen getötet würden. Dieses *Korban* (Opfer) wurde dann von den Juden bei ihrem Pessachmahl in der Nacht vor dem Auszug aus Ägypten, am 15. Nissan, gegessen.
Der Feiertag heißt Pessach, weil Haschem an den jüdischen Häusern „vorrüberging“, als Er die ägyptischen Erstgeborenen tötete. Es kostete die Juden viel Mut, die Schafe zu schlachten, denn die Ägypter verehrten Schafe als Götter und würden versuchen, jedem etwas anzutun, der ihren Göttern etwas tat.

Mosche hatte den Juden gesagt: „Die Zeit unserer Freiheit ist gekommen. Mit starker Hand und ausgestrecktem Arm wird Haschem uns aus Ägypten herausführen und uns in das Land Israel bringen.“

Die Ägypter verjagten die Juden aus Ägypten. Die Juden hatten nicht einmal genug Zeit, um ihren Teig aufgehen zu lassen. Anstatt dass aus dem Teig Brot wurde, wurde Matza daraus.

Ein genauerer Blick
Haschem hatte Avraham gesagt, dass die Juden 400 Jahre lang Fremde sein würden. Aber Haschem holte sie bereits nach 210 Jahren aus Ägypten heraus, weil Er in Seiner Güte begann, die 400 Jahre ab der Geburt von Jizchak zu zählen. Außerdem mussten die Juden in Ägypten so hart arbeiten, dass die 210 Jahre wie 400 Jahre waren.

Wusstest du das?
Dieses Fladenbrot, das keine Zeit zum Aufgehen hatte, wird Matza genannt. Am Pessachfest essen wir Matza, um uns daran zu erinnern, wie schnell wir Ägypten verlassen mussten. Sechshunderttausend jüdische Männer im Alter zwischen zwanzig und sechzig Jahren verließen Ägypten am Pessachfest. Insgesamt, einschließlich der älteren und jüngeren Männer, der Frauen und der Kinder, waren es etwa drei Millionen Menschen.

Nachdem die Juden gegangen waren, änderte der Pharao seine Meinung. „Was haben wir getan?“, rief er. „Wie konnten wir zulassen, dass die Juden unser Land verlassen? Wer wird all unsere Arbeit für uns erledigen?“ Der Pharao selbst spannte seinen Streitwagen an und fuhr voran. Sein ganzes Heer - einschließlich aller Streitwagen in Ägypten - folgte ihm und verfolgte die Juden.

Die Kinder Israels lagerten am Schilfmeer. Als sie die Armee des Pharaos kommen sahen, bekamen sie Angst. „Wir können nirgendwo hin“, riefen sie Mosche zu. „Die Ägypter sind hinter uns und das Meer ist vor uns. Rechts und links ist die Wüste. Warum hast du uns aus Ägypten herausgeholt, wenn wir jetzt hier in der Wüste sterben?“

„Fürchtet euch nicht!“, befahl Mosche. „Haschem wird diesen Krieg für euch kämpfen. Jetzt werdet ihr Seine wahre Stärke und Herrlichkeit sehen.“

Dann streckte Mosche seinen Stab über das Meer aus. Die ganze Nacht über wehte ein starker Ostwind. Mosche befahl dem Volk, direkt ins Meer zu gehen. Nachschon, der Anführer des Stammes Jehuda, sprang ins Wasser, bis es ihm bis zur Nase reichte - und da teilte sich das Meer.

Die Juden durchquerten das Schilfmeer auf trockenem Boden.

Genauer hingesehen

Das Meer teilte sich in zwölf separate Abschnitte.
Jeder Stamm erhielt einen eigenen Gang.

Wusstest du das?

Sobald die Juden Ägypten verlassen hatten, erschien eine wundersame Wolkensäule vor ihnen, um sie zu führen. Als sie am Meer lagerten und die Ägypter hinter ihnen auftauchten, wanderte diese Wolke hinter die Juden und stand zwischen ihnen und den Ägyptern. Die Wolken machten es für die Ägypter dunkel und verschluckten alle ägyptischen Pfeile und Steine.

Wusstest du das?

Die Juden durchquerten das Schilfmeer am 21. Tag des Nissan, dem siebten Tag des Pessachfestes.
Nachdem sie das Meer durchquert hatten, sangen die Juden ein Loblied auf Haschem. Dann führte Mosches Schwester Mirjam die Frauen mit Gesang und Tanz an, um Haschem zu preisen.

Das ägyptische Heer folgte den Juden auf das trockene Grund des Meeres. Als alle Juden das ausgetrocknete Meer durchquert hatten, befahl Haschem Mosche: „Streck deine Hand wieder über das Meer aus.“ Kaum hatte er das getan, brach das Wasser über der gesamten ägyptischen Armee zusammen und ertränkte sie.

Mosche führte das jüdische Volk mit einem Lied an und pries Haschem dafür, dass er das Meer geteilt und sie vor den Ägyptern gerettet hatte.

Pessach ist ein spiritueller Feiertag, an dem wir unsere Freiheit aus der ägyptischen Sklaverei feiern. Aber es ist auch der Feiertag, an dem wir die Reifung des Wintergetreides feiern und an dem die Obstbäume zu blühen beginnen. Unsere Rabbiner lehren uns, dass unser Erfolg in dieser Welt vollständig von Haschems Segen abhängt. Das kann man nirgendwo deutlicher sehen als bei den Ernten der Bauern. Ein Bauer braucht Haschem, um Regen und das richtige Wetter zu bekommen. Genauso kommt all unser Erfolg in dieser Welt nur durch Haschems Segen.

PESSACH - GEBOTE UND VERBOTE

1. Am Pessachfest feiert das jüdische Volk seine Befreiung aus der Sklaverei in Ägypten. Die Tora sagt uns, dass Pessach am fünfzehnten Nissan beginnt, dem Tag, an dem uns Haschem aus Ägypten herausgeführt hat.

2. Vor Pessach spenden wir *Maot Chittim, eine* besondere Wohltätigkeit, um denen zu helfen, die sich kein Essen für Pessach leisten können.

Wusstest du das?
Die Worte *Maot Chittim* bedeuten „Weizengeld". Die besondere Wohltätigkeit mit diesem Namen ist für armen Menschen bestimmt und besteht aus Geld, damit diese armen Menschen sich Matzen (die normalerweise aus Weizen hergestellt werden) und andere Lebensmittel für Pessach kaufen können.

Ein genauerer Blick
Wenn wir zufrieden und glücklich sind, müssen wir dafür sorgen, dass Menschen, die weniger haben als wir, auch glücklich sind. Wir müssen uns nicht nur um uns selbst kümmern, sondern auch um andere.

3. Vor Pessach reinigen wir unsere Häuser, um sicherzugehen, dass kein *Chametz* mehr darin ist. *Chametz* ist alles, was gesäuertes Getreide enthält. Brot und Kekse gehören da zum Beispiel dazu. Viele Dinge, die wir nicht als Lebensmittel betrachten, sind ebenfalls *Chametz*.

Ein genauerer Blick
Wir dürfen während Pessach kein *Chametz* besitzen, auch wenn wir es nicht essen. Der Pessach-Putz ist nicht nur ein Frühjahrsputz, sondern eine Reinigung, um sicherzustellen, dass wir diese Mitzwa richtig einhalten.

4. Am Abend vor Pessach, nachdem das Haus geputzt wurde, überprüfen wir, ob wir kein *Chametz* übersehen haben. Das nennt man *Bedikat Chametz* (Suche nach dem *Chametz*). Dies ist eine gründliche Suche, die alle Stellen umfasst, an denen sich *Chametz* befinden könnte, einschließlich Schubladen, Taschen, Ecken und Stellen, an denen *Chametz* heruntergefallen sein könnte. Wir kontrollieren sogar unsere Autos!

Um diese Stellen am besten zu überprüfen, raten uns die Weisen, eine normale Kerze zu verwenden, die zwar Licht spendet, aber keine große Flamme hat. So können wir gut in alle kleinen Räume schauen, ohne Angst zu haben, ein Feuer zu verursachen. Heutzutage benutzen manche Leute künstliches Licht. Wir müssen immer sehr vorsichtig sein, um keinen Brand zu verursachen.

Nach der Suche erklären wir, dass alles *Chametz*, von dem wir nichts wissen, nicht mehr uns gehört.

Wusstest du das?
Es ist üblich, eine Feder und einen Holzlöffel für die Suche zu verwenden. Die Feder ist dazu da, das *Chametz* mit all seinen Krümeln in den Löffel zu fegen. Wir sammeln allen *Chametz*, die Feder und den Löffel und legen sie beiseite, um sie am Morgen zu verbrennen.

Ein genauerer Blick
Es gibt den Brauch, zehn kleine Brotstücke im Haus zu verteilen, bevor die Suche beginnt. So ist garantiert, dass der Vater bei der Suche etwas Chametz findet. In vielen Häusern sind die Kinder diejenigen, die sie finden.

5. Wir dürfen an Pessach kein *Chametz* essen oder besitzen.

Ein genauerer Blick
Nach den zehn Plagen, jagten die Ägypter das jüdische Volk aus Ägypten. Der Teig, den die Menschen backten, hatte keine Zeit zum Aufgehen. Also nahm das jüdische Volk dieses Fladenbrot (Matza) mit in die Wüste.

6. Es gibt einen Brauch, dass alle erstgeborenen Jungen und Männer am Tag vor Pessach fasten. Wenn ein Junge zu jung zum Fasten ist, sollte sein Vater für ihn fasten.

Ein genauerer Blick
Das soll uns daran erinnern, dass Haschem in der Nacht vor dem Auszug der Juden aus Ägypten alle ägyptischen Erstgeborenen getötet hat, während die jüdischen Erstgeborenen gerettet wurden.

Wusstest du das?
In den meisten Gemeinden führen die Erstgeborenen einen *Sijum durch, den* Abschluss eines Abschnitts des Talmuds. Da eine *Sijum* eine Mitzwa ist und es sich bei ihr um einen besonderen Fasttag handelt, dürfen auch die Erstgeborenen von der *Sijum-Mahlzeit* danach essen. Sobald sie bei einer solchen Mitzwa-Feier mitgegessen haben, dürfen die Erstgeborenen auch für den Rest des Tages essen.

7. Die Tora sagt, dass wir an Pessach kein *Chametz* besitzen dürfen, auch wenn wir nicht vorhaben es zu essen. Das bedeutet, dass alles *Chametz* vor Pessach gegessen, verschenkt, weggeworfen, zerstört oder verbrannt werden muss. Man darf sein *Chametz* auch an Nicht-Juden verkaufen.

Wusstest du das?
Das ist ein komplizierter Verkauf, deshalb beauftragen die Leute ihren Rabbiner damit, ihr *Chametz* für sie zu verkaufen.
Das gesamte *Chametz*, das sich im Haus befindet, wird zusammengeräumt und geht in den Besitz des Nicht-Juden über, der es kauft. Der Rabbiner kauft es dann nach Pessach zurück.

8. Am Morgen vor Pessach wird alles *Chametz,* das nicht verkauft werden kann, verbrannt, auch die zehn Stücke, die bei der Durchsuchung am Vorabend gefunden wurden. Dann verkünden wir, dass das *Chametz,* das wir noch in unserem Besitz haben, nicht mehr uns gehört und es damit so ist, als ob es nicht mehr existieren würde.

9. Am Tag vor Pessach essen wir keine Matza. Viele Menschen folgen dem Brauch, dreißig Tage vor Pessach keine Matza zu essen.

10. Jüdinnen und Juden, die außerhalb Israels leben, feiern in den ersten beiden Nächten des Pessachfestes einen Seder. Juden, die in Israel leben, feiern den Seder nur in der ersten Nacht.

Wusstest du das?
Auf diese Weise wird die Matza, die wir am Seder essen, besonders gut schmecken, und wir werden sie wirklich genießen.

Wusstest du das?
Das Wort *„Seder“* bedeutet Ordnung. Unsere Weisen haben die Reihenfolge der *Haggada* so festgelegt, dass wir genau wissen, wie wir alle besonderen Mitzwot an diesem Abend zu tun haben (zum Beispiel die Geschichte von Pessach erzählen, die vier Becher Wein trinken, Matza und *Maror* essen usw.).

Ein genauerer Blick
Als die Juden noch in Ägypten waren, befahl Haschem, dass am Nachmittag des 14. Nissan Menschen-Gruppen zusammenkommen und je ein Lamm schlachten sollten. Sie sollten es braten und am Abend essen. Dies wurde *Korban Pessach* genannt. Später, als die Juden nach *Eretz Israel* kamen, brachten sie *Korban Pessach* im *Mischkan* und noch später im *Beit HaMikdasch.* Das *Korban-Opfer* wurde am Nachmittag vor Pessach geschlachtet und beim Seder gegessen.

Wusstest du das?
In Israel dauert das Pessachfest sieben Tage, nicht acht. Nur der erste und der siebte Tag von Pessach sind Jom Tow, die mittleren fünf Tage sind Chol HaMoed.

11. Es ist üblich, dass verheiratete Männer beim Seder einen weißen *Kittel* tragen.
12. Beim Seder stellen wir einen Teller mit drei Matzen auf den Tisch. Manche verwenden nur zwei Matzen.

Wusstest du das?
Es gibt viele Gründe für die Verwendung von drei Matzot.
Ein Hauptgrund dafür ist, dass wir die Haggada mit einer zerbrochenen Matza vor uns liegend sagen sollen, also brechen wir eine Matza bei *Jachatz*. Wir brauchen dann aber noch zwei ganze Matzen, wenn wir uns Hände waschen und die *Bracha Hamotzi* später beim Seder sagen. Einige der anderen Gründe sind, dass die drei Matzen die drei Gruppen der Juden repräsentieren: Kohen, Levi und Israel; womit man sich daran erinnern soll, dass Avraham Avinu Sarah bat, drei Maß Mehl für die Engel vorzubereiten, die sie an Pessach besuchten; außerdem erinnern uns die drei Matzot daran, dass es der Verdienst unserer drei *Avot* (Avraham, Jizchak und Jaakov) war, dass Haschem uns aus Ägypten herausgeführt hat.

13. Die Matza beim Seder, die für die *Mitzwa* verwendet wird, muss eine „*Schmura*“-Matza sein. Viele Menschen essen während des gesamten Pessachfestes nur Matza, die „*Schmura*“ ist.

Ein genauerer Blick
Schmura bedeutet „bewacht“. *Schmura* Matza wird aus Mehl hergestellt, das schon beim Schneiden des Getreides auf dem Feld besonders gehütet wird. Wenn das Getreide nie nass wird, können wir sicher sein, dass es nicht *Chametz geworden ist.* Die Gesetze gegen den Verzehr von *chametz* sind sehr streng; manche Menschen essen *das* ganze Pessachfest über nur *Schmura Matza*, um besonders vorsichtig zu sein.

14. Wir sorgen für einen speziellen Teller, die *Ka'arah,* der beim Seder verwendet wird.

Ein genauerer Blick

Auf dem Seder-Teller liegen die Speisen, über die während des Seder gesprochen werden. Einige dieser Lebensmittel werden während des Sederfestes gegessen.

a) und b) *Maror* und *Chaseret* - Bitterkräuter. Sie erinnern uns an das bittere Leben, das das jüdische Volk in Ägypten führte. Sie werden zweimal nach der Matza gegessen (einmal allein und einmal zusammen mit Matza).

c) *Karpas* - Das ist ein Gemüse, das zu Beginn des Seder gegessen wird. Es wird in Salzwasser getaucht, um uns an die Tränen zu erinnern, die das jüdische Volk in Ägypten geweint hat.

d) *Charoset* - Das ist eine Mischung aus geriebenen Äpfeln, Datteln, gehackten Nüssen, Zimt und Rotwein. Charoset erinnert uns an den Lehm, mit dem die Juden für die Ägypter Städte bauten. Wir mischen *Maror* mit Charoset, bevor wir ihn essen, damit die Schärfe uns nicht schmerzt.

e) *Sroa* - Schafsknochen: Zur Zeit des *Beit HaMikdasch* wurden am Nachmittag vor Pessach zwei Opfer dargebracht: *Korban Pessach* und *Korban Chagiga.* Sein Fleisch wurde gebraten und beim Sederfest gegessen. Die *Sroa* - ein Knochen mit etwas Fleisch darauf - wird wie das Pessachopfer über dem Feuer geröstet. Wir essen es nicht beim Seder, denn wir können kein Pessachopfer bringen, wenn wir keinen *Beit HaMikdasch* haben. Die geröstete *Sroa* erinnert uns an *Korban Pessach.*

Außerdem bedeutet das Wort *Sroa* Arm. Das erinnert uns daran, dass Haschem uns mit einem ausgestreckten und mächtigen Arm aus Ägypten geführt hat.

f) *Bejza* - hart gekochtes oder gebratenes Ei: Dies erinnert uns an das *Chagiga-Opfer,* das zu Ehren des Jom Tow in den *Beit HaMikdasch* gebracht wurde. Die meisten Menschen folgen dem Brauch, das Ei zu Beginn des *Schulchan Oreich* zu essen - der eigentlichen Mahlzeit des Seder.

15. Männer müssen sich beim Trinken der vier Becher Wein und beim Essen von Matza, *Korech* und *Afikoman,* zur linken Seite neigen. Viele sagen die Haggada auf und essen ihre Mahlzeit, während sie sich anlehnen.

Wusstest du das?

Nur Könige (und nicht Sklaven) haben den Luxus, sich beim Essen anlehnen zu können. Während des Sederfestes verhalten sich die Juden wie Könige, um ihre Freiheit zu symbolisieren.

Ein genauerer Blick

Wir lehnen uns nicht an, während wir den *Maror* essen, denn das erinnert uns an die Bitterkeit der Arbeit für die Ägypter, als wir Sklaven waren.

16. An vier bestimmten Punkten während des Seder trinken wir einen Becher Wein, insgesamt also vier Becher.

Wusstest du das?

Die vier Becher erinnern uns an die vier Worte der Erlösung, die Haschem benutzte, als Er zu Mosche über den Auszug der Juden aus Ägypten sprach. Sie lauten: 1) וְהוֹצֵאתִי - *Ich will euch herausholen,* 2) וְהִצַּלְתִּי - Ich *will euch retten,* 3)וְגָאַלְתִּי - *Ich will euch erlösen,* 4) וְלָקַחְתִּי - *Ich will euch zu Meinem auserwählten Volk machen.*

17. Beim Seder stellt ein kleines Kind die Vier Fragen.

Wusstest du das?
Wenn kein Kind anwesend ist, stellt ein Erwachsener die Vier Fragen. Wenn jemand ganz allein ist, sollte er sich die Fragen selbst stellen.

18. Zu Beginn des Seder, bei *Jachatz,* wird ein Stück Matza, das sogenannte „*Afikoman*“, beiseite gelegt, es wird am Ende von Seder gegessen.
19. Nachdem das *Afikoman* gegessen wurde, dürfen wir keine weiteren Speisen mehr essen.

Ein genauerer Blick
Es gibt den Brauch, dass die Kinder den Afikoman „stehlen“ und ihn verstecken. Wenn es an der Zeit ist, ihn zu essen, „kauft der Vater ihn zurück“, indem er den Kindern einen Preis anbietet. Auch von diesem Brauch gibt es verschiedene Versionen.
Mit den Bräuchen soll sichergestellt werden, dass die Kinder bis zum Ende des Sederessens aufbleiben.

Ein genauerer Blick
Es gibt zwei Gründe, warum wir den *Afikoman* am Ende der Mahlzeit essen:
a) Er erinnert uns an das Pessachopfer, das als letztes beim Pessachmahl gegessen wurde.
b) Auf diese Weise bleibt der Geschmack der Matza so lange wie möglich in unserem Mund.

Lag Ba'Omer

Rabbi Akiva und seine Schüler

Vor etwa 2.000 Jahren gab es einen unwissenden, aber ehrlichen Hirten namens Akiva. Jeden Tag kümmerte er sich treu um seine Schafherde. Einmal, als er vierzig Jahre alt war, bemerkte er, wie stetige Wassertropfen ein Loch in einen Felsen gebohrt hatten. „Wenn Wasser ein Loch machen und in einen Felsgestein eindringen kann“, dachte er, „dann kann die Tora auch in mein Herz eindringen“. Er ging sofort in die Jeschiwa von Rabbi Eliezer und begann, Tora zu lernen. Schließlich wurde er der führende Rabbiner seiner Generation.

Ein genauerer Blick
Rabbi Akiva wurde so sehr verehrt, dass die anderen Weisen entschieden, dass bei Uneinigkeiten zwischen ihm und einem der anderen Weisen das Gesetz immer der Meinung von Rabbi Akiva folgen sollte.

Wusstest du das?
Rabbi Akiva, der aus einer Familie von Konvertiten stammte, heiratete eine Frau namens Rachel. Sie stammte aus einer sehr reichen und angesehenen Familie. Ihr Vater, Kalba Savua, wollte nicht, dass Rachel Akiva heiratete. „Er ist ein armer, unwissender Schafhirte, du kannst nicht jemanden wie ihn heiraten!“, rief er wütend. Aber Akiva hatte den festen Plan, dass er an der Jeschiwa studieren würde, wenn Rachel ihn heiraten würde. Nachdem sie geheiratet hatten, zwang Rachels Vater sie, sein Haus zu verlassen. Rachel und Akiva waren sehr arm, aber Akiva ging in die Jeschiwa. Nach 12 Jahren kam er zurück. Als er die Tür seines Hauses erreichte, hörte er Rachel sagen, sie wünsche, dass er weitere 12 Jahre lerne. Also kehrte Akiva weitere 12 Jahre in seine Jeschiwa zurück. Nach 24 Jahren kehrte er schließlich mit Tausenden von Schülern nach Hause zurück. „Alles, was ich habe und was ihr von mir gelernt habt, verdanke ich ihr“, erklärte er seinen Schülern. „Sie ist diejenige, die mich zum Torastudium geschickt hat.“

Rabbi Akiva hatte 24.000 Schüler, die alle während der *Sefira-Periode,* zwischen Pessach und Schawuot, starben. Unsere Rabbiner lehren, dass sie gestorben seien, weil sie sich gegenseitig nicht genug respektiert hätten. Sie starben in dieser Zeit während nur 33 Tagen, daher ist der 33. Tag des Omer ein glücklicher Tag. Aschkenasische Gemeinden feiern an Lag Ba'Omer Hochzeiten, lassen sich die Haare schneiden und hören Musik. Sefardische Gemeinden warten bis zum nächsten Tag.

Da so viele Schülerinnen und Schüler nicht mehr lebten, hätte die ganze Tora verloren gehen können. Aber Rabbi Akiva begann, eine neue Gruppe von Schülern zu unterrichten, und das Studium der heiligen Tora ging weiter.

Ein genauerer Blick

Die Schüler von Rabbi Akiva waren keineswegs grausam oder gemein zueinander. Für unsere Verhältnisse waren sie sogar sehr respektvoll zueinander. Aber *Zaddikim* werden auf einer ganz anderen und höheren Ebene beurteilt als wir. In Anbetracht ihres hohen Niveaus hätten sie sich gegenseitig noch mehr Ehre erweisen sollen.

Die Römer haben das Studium der Tora verboten. „Jeder, der die Tora studiert, jeder, der die Tora lehrt, und jeder, der die Gesetze der Tora befolgt, wird hingerichtet“, verkündeten sie. Aber Rabbi Akiva lehrte trotzdem weiter Tora. Schließlich wurde er von den Römern gefangen genommen. Sie folterten ihn zu Tode. Seine letzten Worte waren: *„Schema Israel Haschem Elokeinu Haschem Echad* - Höre, oh Israel, Haschem ist unser G-tt, Haschem ist einzig.“

Ein genauerer Blick

Rabbi Schimon bar Jochai war einer der späteren Schüler von Rabbi Akiva. Die Römer wollten ihn festnehmen, also versteckten sich R' Schimon und sein Sohn R' Elazar 13 Jahre lang in einer Höhle. Sie haben die ganze Zeit Tora studiert. Ein Wunder geschah und ein Johannisbrotbaum und ein Wasserlauf wurden direkt neben ihnen geschaffen, damit sie essen und trinken konnten. Schließlich kam Eliyahu *HaNavi* an den Eingang der Höhle und verkündete: „Der römische Kaiser ist gestorben. Es ist jetzt sicher für dich, herauszukommen.“

Wusstest du das?

Am Tag des Todes von R' Schimon bar Jochai offenbarte dieser seinen Schülern viele Geheimnisse der Tora. Diese wurden in einem Buch namens *Zohar* niedergeschrieben. R' Shimon sagte, dass das jüdische Volk diesen Tag wegen der Tora, die er lehrte, feiern sollte. Dieser Tag war Lag B'Omer, der achtzehnte Tag von Iyar.

OMER-ZÄHLEN UND LAG BA'OMER

1.In der zweiten Pessachnacht beginnen wir mit dem Zählen des *Omer*. Wir zählen jede Nacht bis zu der Nacht vor Schawuot (neunundvierzig Tage danach).

Wusstest du das?
Diese sieben Wochen, in denen wir *Omer* zählen, sind die selben sieben Wochen, in denen sich die Juden in der Wüste darauf vorbereiteten, die Tora von Haschem am Har Sinai zu empfangen.
Als der *Beit HaMikdasch* noch stand, begann das jüdische Volk mit dem Zählen, indem es das *Omer* (das erste Gerstenopfer) brachte, und an Schawuot, nachdem die Zählung abgeschlossen war, brachte es die *Sch'tei HaLechem* (zwei Brote), die aus der ersten Weizenernte gebacken worden waren. Diese sieben Wochen waren früher eine sehr glückliche Zeit. Sie erinnerte das jüdische Volk an den Exodus und die Übergabe der Tora. Später wurden diese sieben Wochen zu einer traurigen Zeit für das jüdische Volk. Die Tatsache, dass wir das *Omer-Opfer* nicht mehr bringen können, erinnert uns daran, dass wir den *Beit HaMikdasch* nicht mehr haben. Außerdem starben während der dreiunddreißig Tage der *Omer-Zeit* Tausende von Schülern von Rabbi Akiva. Über tausend Jahre später, vor etwa 800 Jahren, wurden während der Kreuzzüge viele Juden in Europa ermordet. Das war während der Zeit von *Sefira*.

Ein genauerer Blick
Das Omer-Opfer war eine Opfergabe aus der ersten Gerstenernte des Jahres. Es wurde am zweiten Tag des Pessachfestes in den *Beit HaMikdasch* gebracht. Die Tora weist uns an, von da an, neunundvierzig Tage (sieben Wochen) zu zählen. Der Feiertag Schawuot wird am fünfzigsten Tag gefeiert. Diese Zeitspanne wird *Sefirat HaOmer* genannt - das Zählen des *Omer*.

2. Jeden Abend, bevor *Omer* gezählt wird, wird ein Segensspruch rezitiert:

בָּרוּךְ אַתָּה אֲ-דֹנָי אֱ-לֹהֵינוּ מֶלֶךְ הָעוֹלָם, אֲשֶׁר קִדְּשָׁנוּ בְּמִצְוֹתָיו, וְצִוָּנוּ עַל סְפִירַת הָעֹמֶר.

Gesegnet seist Du, Haschem, unser G'tt, König des Universums, der uns durch Seine Gebote geheiligt und uns befohlen hat, das Omer zu zählen.

3. Wir zählen das Omer im Stehen. Wir zählen es jeden Abend. Wenn wir in der Nacht vergessen haben zu zählen, sollten wir am nächsten Tag trotzdem zählen, aber ohne eine *Bracha* zu sagen. Am nächsten Abend können wir dann wieder mit einer *Bracha weiterzählen.* Wenn wir einen ganzen Tag vergessen haben zu zählen, zählen wir die restlichen Tage weiter, aber ohne eine *Bracha*.

Ein genauerer Blick
Wir zählen, wie viele Tage, dann wie viele Wochen und Tage vergangen sind, seit wir mit dem Zählen begonnen haben. In der achten Nacht sagen wir zum Beispiel: „Heute ist die achte Nacht, das ist eine Woche und ein Tag im Omer." Dann bitten wir Haschem, uns den *Beit HaMikdasch* sehr bald zurückzugeben.

4. Mindestens 33 Tage lang, während der sieben Wochen des *Omer,* trauern wir um die Schüler von Rabbi Akiva. Wir gehen nicht zum Friseur, machen keine Hochzeiten und hören keine Musik.

Wusstest du das?
Es gibt verschiedene Ansichten darüber, welche 33 Tage Trauertage sind. Hier sind einige der wichtigsten Bräuche: Manche Gemeinden beginnen mit dem ersten Tag und trauern bis Lag B'Omer; manche trauern bis zum 34. Tag des *Omer;* manche trauern von Rosch Chodesch Ijar bis zu den *Schloschet Jemei Hahagbala* (drei Tage vor Schawuot), außer an Lag B'Omer; und manche trauern die ganze Zeit, außer an besonderen Tagen wie *Jom Tow,* Lag B'Omer, Rosch Chodesch und den *Schloschet Jemei Hahagbala* - dann bleiben genau 33 Trauertage übrig.

Schawuot

Haschem schenkt dem jüdischen Volk die Tora

Zwischen Pessach und Schawuot

Nachdem sich das Meer geteilt hatte und die ägyptischen Soldaten ertrunken waren, waren die Juden bereit, die Tora zu empfangen und von Haschem nach *Eretz Israel* geführt zu werden.

Wusstest du das?
Das Wort Mara bedeutet bitter.

Drei Tage lang wanderten sie durch die Wüste, bis sie zu einem Ort namens Mara kamen. Die Menschen waren durstig, konnten das Wasser aber nicht trinken, weil es bitter schmeckte. „Was sollen wir trinken?“, beschwerte sich das Volk bei Mosche.

Haschem zeigte Mosche ein Stück Holz. Mosche nahm es und warf es ins Wasser, und das Wasser wurde süß und ließ sich gut trinken.

Das jüdische Volk wanderte weiter durch die Wüste und wurde hungrig. „Wären wir doch nur in Ägypten gestorben“, beklagten sie. „Wenigstens hatten wir dort etwas zu essen. Hier werden wir verhungern!"

„Seht!“, rief Haschem. „Es wird Essen vom Himmel regnen. Jeden Tag nehmt ihr, was ihr für den Tag braucht, und am Freitag nehmt ihr euch eine Extraportion für den kommenden Schabbat.“

Ein genauerer Blick?
Diese Nahrung vom Himmel wurde *Man* genannt. Das Wunder von *Man* lehrt uns, dass wir niemals den Glauben an Haschem verlieren sollten. Egal, wie sehr wir in Schwierigkeiten stecken, Haschem kann uns retten, so wie er die Juden in der Wüste gerettet hat.

Ein genauerer Blick

Jeden Tag fiel eine riesige Menge an *Man* auf die Erde. Egal, wie viel eine Person gesammelt hat, am Ende hatten alle die gleiche Menge. Bis zum Nachmittag war der ganze nicht eingesammelte *Man* verschwunden. Wenn jemand versuchte, etwas für den nächsten Tag aufzuheben, verdarb es. Am nächsten Morgen viel wieder *Man*. Das lehrte das jüdische Volk, jeden Tag Haschem zu vertrauen.

Jeden Freitag fiel eine doppelte Portion Man - eine für Freitag und eine für Schabbat. Da man am Schabbat draußen nichts tragen durfte, fiel der *Man* für Schabbat schon am Freitag. Je rechtschaffener ein Mensch war, desto näher an sein Zelt würde sein *Man* fallen. Die rechtschaffenen Menschen fanden ihn direkt vor ihrer Tür, die bösen Menschen mussten dafür sehr weit laufen.

Wusstest du das?

Aharon füllte einen Krug mit Man und stellte ihn vor die Heilige Lade. Sie wurde nach *Eretz Israel* gebracht und im *Beit HaMikdasch* aufgestellt. Auf diese Weise konnten zukünftige Generationen das Wunder sehen, das Haschem getan hatte.

Der *Man* fiel vierzig Jahre lang, bis die Juden an der Grenze zu *Eretz Israel* ankamen. Der *Man* vom letzten Tag verdarb nicht - die Juden aßen weiter davon, bis sie die neue Ernte verwenden konnten! Da am Freitag eine doppelte Portion *Man* fiel, machen wir zu Ehren des Schabbats *Hamotzi* auf zwei Challot. Dies wird *Lechem Mischne* genannt, was so viel wie doppeltes Brot bedeutet.

Die Juden setzten ihre Reise durch die Wüste fort. Sie kamen in Refidim an und wieder gab es kein Wasser. „Gebt uns Wasser, damit wir hier in der Wüste nicht sterben müssen“, flehten sie. Haschem befahl Mosche, mit seinem Stab auf einen Felsen zu schlagen und es strömte frisches Wasser aus dem Felsen.

Wusstest du das?

Während die Juden in Refidim lagerten, griff das Volk der Amalekiter sie an. Die Juden schlugen sie, aber das war das erste Mal, seit die Juden Ägypten verlassen hatten, dass ein anderes Volk es wagte, sie anzugreifen. Obwohl die Juden den Kampf gegen Amalek gewannen, fühlten sich jetzt andere Völker ebenfalls motiviert, die Juden anzugreifen. Haschem sagte uns, dass wir uns daran erinnern sollen, was Amalek in der Wüste getan hat. Uns wird befohlen auf alle Zeit gegen Amalek Krieg zu führen, bis Amalek vernichtet wird.

Über neunhundert Jahre später versuchte Haman, ein Nachkomme Amaleks, erneut, das jüdische Volk zu vernichten.

Der Empfang der Tora auf dem Berg Sinai

Nach einer mehr als fünfwöchigen Wanderung durch die Wüste kam das jüdische Volk in der Wüste Sinai an und schlug dort sein Lager auf. Es war der erste Tag von Siwan. Haschem bereitete sich darauf vor, dem jüdischen Volk die Tora zu geben.

Ein genauerer Blick

Haschem hatte Sich an alle Völker der Welt gewandt und jedes einzelne gefragt: „Wollt ihr Meine Tora annehmen?" Die Esavs Nachkommen fragten: „Was steht in dieser Tora geschrieben? „Du sollst nicht töten", sagte Haschem. „Wir können die Tora nicht annehmen", antworteten Esavs Nachkommen. „Wir leben durch das Schwert." Dann bat Haschem die Kinder Ischmaels, die Tora anzunehmen. „Was steht da drin?", fragten diese. „Du sollst nicht stehlen", wurde ihnen gesagt. „Das können wir nicht akzeptieren. Wir leben vom Stehlen." Jedes Volk wurde gefragt, und jedes Volk lehnte die Tora ab. Als sie den Juden angeboten wurde, sagten diese sofort: „Alles, was Haschem gesagt hat, werden wir tun und wir werden hören." Das jüdische Volk fragte nicht einmal, was in der Tora geschrieben stand. Sie vertrauten Haschem und nahmen Sein Wort sofort an.

Haschem befahl Mosche, den Juden zu sagen: „Ihr habt gesehen, was Ich in Ägypten für euch getan habe. Wenn ihr auf Mich hört und Meine Gebote befolgt, werdet ihr immer Mein geliebtes Volk sein."

Das ganze Volk antwortete: „Alles, was Haschem gesagt hat, werden wir tun.

„Die Menschen sollen sich heute und morgen heilig machen", sagte Haschem. „Am dritten Tag werde Ich den Menschen auf dem Berg Sinai Meine Herrlichkeit zeigen. Niemand, nicht einmal ein Tier, darf den Berg berühren oder ihm zu nahe kommen."

Ein genauerer Blick

Zum Berg Sinai kamen über 600.000 erwachsene Männer. Insgesamt waren über drei Millionen Menschen dort. Die Seele eines jeden Juden, der jemals geboren wurde, war ebenfalls dort (auch deine Seele!). Jeder dieser drei Millionen Menschen sah, was geschah, als Haschem die Tora auf dem Berg Sinai gab. Sie brauchten niemanden, der ihnen sagte, dass Haschem die Tora gegeben hat, denn sie haben es selbst gesehen. Jeder von ihnen erzählte es seinen Kindern, die es wiederum ihren Kindern erzählten, das ist bis heute so, mehr als dreitausend Jahre später. Keine andere Religion hat jemals behauptet, dass Millionen von Menschen die Worte Haschems direkt gehört hätten; das ist nur beim jüdischen Volk so.

Wusstest du das?

An Schawuot feiern wir, dass Haschem dem jüdischen Volk seine heilige Tora gegeben hat.

Es war Schabbatmorgen, der siebte Tag des Siwan, im Jahr 2448. Es donnerte und blitzte. Eine schwere Wolke ruhte auf dem Berg Sinai. Der Schofar ertönte sehr laut und das ganze Volk erzitterte vor Angst. Der Berg bebte und Rauch quoll aus ihm hervor. Haschem war auf dem Berg. Der Klang des Schofars wurde lauter und lauter.

Mosche stieg auf den Berg, und Haschem begann, die Zehn Gebote zu verkünden.

Wusstest du das?
Haschem verkündete die ersten beiden der Zehn Gebote, aber das war für das Volk zu heilig. Sie baten Mosche, anstelle von Haschem zu ihnen zu sprechen, denn sie hatten Angst, dass sie sterben würden.
Als Haschem zu sprechen begann, war auf der ganzen Welt kein anderes Geräusch zu hören. Kein Vogel zwitscherte, kein Fluss floss, kein Tier machte ein Geräusch. Es herrschte völlige Stille.

Ein genauerer Blick
Die Menschen sahen nicht nur die Blitze, sondern auch den Donner und den Klang des Schofars! Das war ein großes Wunder, denn sie sahen Dinge, die wir nur hören. Wir können den Donner nicht sehen.

„Steig auf den Berg Sinai, wo Ich dich Meine Gesetze lehren werde“, befahl Haschem Mosche. Währenddessen sollten Aharon, dessen älteren Söhne Nadav und Avihu und die siebzig Ältesten an der Seite des Berges stehen.

Mosche blieb vierzig Tage und vierzig Nächte lang auf dem Berg. Haschem lehrte ihn die ganze Tora. Er lehrte ihn auch die mündliche Tora, die alles in der Tora erklärt.

Wusstest du das?
Es gibt eine besondere Mitzwa, um an die Übergabe der Tora am Berg Sinai zu erinnern.
An Jom Kippur kam Mosche mit den zweiten Tafeln der Zehn Gebote vom Berg Sinai herunter (siehe Jom Kippur Seite 17).

Ein genauerer Blick
Die Tora ist für das jüdische Volk das Wichtigste. Sie wird mit Wasser verglichen, denn so wie wir ohne Wasser nicht leben können, können wir auch ohne die Tora nicht leben.
Die Tora ist auch der Bauplan für die Welt. Haschem hat in Seine Tora geschaut und die Welt erschaffen, damit wir die Mitzwot der Tora halten können.

Aber die Menschen haben einen schrecklichen Fehler gemacht. Vierzig Tage nachdem sie die Zehn Gebote gehört hatten, erwarteten sie, dass Mosche vom Berg herunterkommen würde. Sie dachten, Mosche sei mit seiner Rückkehr vom Berg Sinai zu spät dran. Sie wurden nervös. „Aharon“, riefen sie, „wir wissen nicht, was mit Mosche passiert ist. Schaffe einen Gott, der uns führen soll.“

„Gebt mir all euer Gold“, sagte Aharon. Aharon wickelte das ganze Gold ein und warf es in ein Feuer. Es schmolz und ein goldenes Kalb stieg aus den Flammen hervor.

Da sagte Haschem zu Mosche: „Geh jetzt hinunter und sieh, wie böse dein Volk geworden ist. Sie haben ein goldenes Kalb gemacht und verneigen sich vor ihm. Das ist eine so schreckliche Sünde, dass sie es verdient haben, vernichtet zu werden!“

Mosche flehte Haschem an, ihnen zu vergeben. „Wenn du das jüdische Volk jetzt tötest, werden die Völker der Welt sagen, dass Du sie aus Ägypten geholt hast, um sie in der Wüste zu vernichten. Habe Erbarmen mit dem jüdischen Volk um Avrahams, Jizchaks und Jaakovs willen.“ Haschem wollte, dass Mosche für das Volk beten sollte. Dann hörte Er auf ihn.

Mosche stieg mit zwei Steintafeln in der Hand den Berg hinunter. Auf die beiden Steintafeln verteilt waren die Zehn Gebote Haschems geschrieben. Mosche sah, wie das Volk um das Goldene Kalb tanzte und es anbetete. Er wurde sehr wütend. Er zerschmetterte die beiden Steintafeln mit den Zehn Geboten. „Wer für Haschem ist, komme zu mir“, rief er. Alle Leviim versammelten sich um ihn. Die dreitausend Menschen, die an diesem Tag das Goldene Kalb angebetet hatten, wurden hingerichtet.

Ein genauerer Blick

Aharon versuchte wirklich, das Volk aufzuhalten, bis Mosche zurückkehren würde. Er dachte, die Leute, vor allem die Frauen und Kinder, würden ihren Schmuck nicht hergeben. Aber die anderen Leute nahmen diesen das Gold mit Gewalt.

Mosche bestieg den Berg Sinai ein zweites Mal, um Haschem um Vergebung stellvertretend für das jüdische Volk zu bitten. Er betete dort vierzig Tage und Nächte lang, bis Haschem sagte, dass Er ihnen vergeben würde. Als Mosche herunterkam, sagte Haschem ihm, er solle Steintafeln vorbereiten, auf die er die Zehn Gebote schreiben würde. Mosche ging zurück auf den Berg, wo Haschem ihn in den nächsten vierzig Tagen und Nächten erneut die Tora lehrte.

Schawuot ist ein spiritueller Feiertag - eine Feier des Tages, an dem die Juden die Tora von Haschem erhalten haben. Die Tora beschreibt diesen Tag auch als *Chag HaHatzir* - das Fest des Abschneidens der reifen Ernte auf dem Feld.

Wusstest du das?
Schawuot ist der einzige Feiertag, für den die Tora kein Kalenderdatum angibt. Er findet immer am fünfzigsten Tag nach Beginn der *Omer-Zählung* statt, die an Pessach beginnt. Das lehrt uns, dass der ganze Zweck unserer Befreiung aus Ägypten, die wir zu Pessach feiern, darin bestand, sieben Wochen später, an Schawuot, die Tora von Haschem zu empfangen.

SCHAWUOT - GEBOTE UND VERBOTE

1. Wir haben in zu zweiten Pessachnacht begonnen, die neunundvierzig Tage des *Omer* zu zählen. *Schawuot* ist der Tag, nachdem die *Omer-Zählung* beendet wurde.

Ein genauerer Blick

Die Tora weist uns an, die Tage von Pessach bis Schawuot zu zählen. In der Wüste konnten die Juden es kaum erwarten, die Tora zu erhalten. Sie waren so aufgeregt, dass sie jeden Tag zählten, beginnend mit Pessach, und darauf warteten, dass Haschem ihnen die Tora geben würde. An jedem Tag arbeiteten sie daran, sich zu verbessern, damit sie es verdienten, die Tora zu erhalten.

Wusstest du das?

An Schawuot gab Haschem dem jüdischen Volk auf dem Berg Sinai die Tora, sieben Wochen nachdem Er Sein Volk aus Ägypten herausgeführt hatte.

Das Wort Schawuot bedeutet „Wochen". Schawuot wird das Fest der Wochen genannt, weil es sieben Wochen nach Pessach stattfindet.

Schawuot wird auch *Chag HaBikkurim* - das Fest der Erstlingsfrüchte - genannt, weil an Schawuot das *Schtei Halechem,* eine Opfergabe von zwei Broten aus der neuen Weizenernte, in den *Beit HaMikdasch* gebracht wird. Außerdem mussten die *Bikkurim, die* ersten reifen Früchte der *Schiw'as HaMinim* (die Sieben Arten Eretz Israels), als Geschenk für die Kohanim in den *Beit HaMikdasch* gebracht werden. Ein Jude konnte damit beginnen, seine *Bikkurim* jedes Jahr an Schawuot zu bringen. Wenn die *Bikkurim* dem Kohen übergeben wurden, dankte der Bauer Haschem dafür, dass Er uns aus Ägypten herausgeführt und uns *Eretz Israel gegeben hat.*

Schawuot wird auch *Chag HaKatzir - das Fest der Ernte* - genannt, weil das die Zeit des Jahres ist, in der die Ernte eingebracht wird.

Schawuot wird auch Atzeret genannt. Es ist wie Schmini Atzeret, der Tag, an dem das fröhliche Fest Sukkot endet. Schawuot beendet das Pessachfest, denn der einzige Grund, warum wir aus Ägypten ausgezogen sind, war der, dass wir an Schawuot die Tora erhalten sollten.

In all unseren Gebeten nennen wir Schawuot *Z'man Mattan Torateinu* - die Zeit der Übergabe der Tora -, denn zu dieser Zeit wurde die Tora auf dem Berg Sinai übergeben.

2. Schawuot wird am sechsten Tag des Siwan gefeiert. Außerhalb von *Eretz Israel* wird er zwei Tage lang gefeiert, am sechsten und siebten Siwan.

3. In der Schawuot-Nacht ist es üblich, die ganze Nacht aufzubleiben und Tora zu lernen.

Wusstest du das?
Das jüdische Volk schlief in der Nacht, bevor die Tora gegeben wurde, und Haschem musste warten, bis es aufstand, um die Tora zu geben. Um diesen Fehler wieder gut zu machen, bleiben wir die ganze Nacht auf und lernen.

4. An Schawuot lesen wir das Buch Ruth.

Wusstest du das?
Es gibt eine Reihe von Gründen, das Buch Ruth zu Schawuot zu lesen. Einige davon sind: Die Geschichte von Ruth spielte sich während der Erntezeit ab, und Schawuot ist die Zeit der Ernte. Auch Ruth, die zum Judentum konvertierte, nahm Haschems Tora an. Das haben alle Juden getan, als sie die Tora angenommen haben. Ein weiterer Grund ist, dass Ruth, wie das Buch Ruth erzählt, die Urgroßmutter von David *HaMelech* war. Schawuot ist der Tag, an dem David *HaMelech* geboren wurde, und er starb an Schawuot 70 Jahre später.

5. An Schawuot lesen wir das Gedicht *Akdamus* in der Synagoge.
6. Es ist üblich, an Schawuot Milchprodukte zu essen.

Ein genauerer Blick
Als die Tora gegeben wurde, fand das jüdische Volk heraus, wie man Fleisch zubereitet, damit es koscher ist. Das braucht Zeit. Bis sie in der Lage waren, koscheres Fleisch zuzubereiten, aßen sie nur Milchprodukte.

7. In vielen Gemeinden ist es üblich, an Schawuot die Synagoge mit viel Grün, Blumen, Zweigen und Blättern zu schmücken.

Wusstest du das?
Akdamus ist ein Gedicht, das R'Meir ben Jizchak im 11. Jahrhundert als Einführung zu den Zehn Geboten geschrieben hat. Seine Zeilen preisen Haschem, Seine Tora und das jüdische Volk. Das Gedicht sagt uns, dass selbst, wenn der ganze Himmel Papier, alle Wälder Stifte, alle Ozeane Tinte und alle Menschen auf der Welt Schriftsteller wären, wir immer noch nicht in der Lage sein würden, zu sagen, wie groß Haschem ist.
Akdamus wurde und wird nicht auf Hebräisch, sondern auf Aramäisch geschrieben.

Ein genauerer Blick
Das Grün erinnert uns daran, dass der Berg Sinai (wo die Tora gegeben wurde) mit Grün bedeckt war. Auch die Früchte der Bäume werden an Schawuot von Haschem für uns bereitet.

Der 9. Aw - Tischa B'Aw

Das jüdische Volk wird in der Wüste bestraft

Als Mosche mit der zweiten Tafel der Zehn Gebote kam, erzählte er den Juden, wie genau Haschem wollte, dass sie den *Mischkan* bauten. Der Mischkan sollte Haschems „Wohnstätte“ auf der Erden sein. Dort konnte man Haschems Gegenwart spüren, denn dort wurden die Tafeln aufbewahrt, und dort dienten die Kohanim Haschem, indem sie *Korbanot,* Opfergaben, für das jüdische Volk brachten. Jedes Mal, wenn sie an einen neuen Ort in der Wüste zogen, bauten sie den *Mischkan* in seine Einzelteile ab. Die Levi'im trugen die Teile zum nächsten Ort, wo sie sie dann wieder zusammenfügten.

Als die Juden nach *Eretz Israel* kamen, errichteten sie den *Mischkan* in Gilgal. Es dauerte vierzehn Jahre, bis die Juden *Eretz Israel* eroberten und das Land unter den Stämmen aufteilten. Danach errichteten sie den *Mischkan* in Schilo.

Nach 369 Jahren wurde der *Mischkan* in Schilo während eines Krieges mit den Philistern zerstört. Für die nächsten 57 Jahre gab es keinen permanenten *Mischkan*. Die Kohanim brachten die *Korbanot* in Nov und Giv'on.

In seinem vierten Jahr als König von Israel begann Schlomo mit dem Bau des *Beit HaMikdasch*. Dieser würde den *Mischkan* als neue „Wohnstätte“ Haschems auf der Erde ersetzen. Er vollendete den *Beit HaMikdasch* 480 Jahre nachdem die Juden Ägypten verlassen hatten.

Wusstest du das?
Der *Beit HaMikdasch* konnte von König David (Shlomos Vater) nicht gebaut werden, weil dieser in zu viele Kriege verwickelt war. Haschem wollte, dass der *Beit HaMikdasch* ein Haus des Friedens sein sollte.
Für den Bau des *Mischkan* und des *Beit HaMikdasch* wurden keine Eisenwerkzeuge verwendet, weil Eisen zur Herstellung von Waffen, die Menschen töten, verwendet wird. Um Stein zu schneiden, wurde ein ungewöhnlicher Wurm namens *Schamir* verwendet.

Wusstest du das?
Die Tora sagt nie genau, wo der *Beit HaMikdasch* gebaut werden sollte. Es heißt immer: „der Ort, den Haschem wählen wird".

Der erste Beit HaMikdasch

Mit großen Feierlichkeiten, Tanz und Gesang weihte König Schlomo nach sieben Jahren Arbeit den ersten *Beit HaMikdasch* ein. Doch nach seinem Tod spaltete sich das jüdische Volk in zwei getrennte Königreiche, in Jehuda und Israel. Viele der Menschen begannen, Götzen anzubeten, vor allem im Königreich Israel. Anstatt sich dafür einzusetzen, dass es dem Volk besser gehen würde, sündigten viele der Könige und brachten andere dazu, ebenfalls zu sündigen.

Ein genauerer Blick
Der *Beit HaMikdasch* wurde auf dem Berg Moriah in Jerusalem gebaut. Hier befindet sich *„Even Sch'sija"* (das ist ein sehr großer Stein, das ist das Erste, was Haschem machte, als Er die Welt erschaffen hat). Nachdem Adam und Chawa gesündigt hatten, baute Adam an dieser Stelle einen Altar und brachte Haschem sein erstes Opfer dar. Dies ist derselbe Ort, an dem auch Avraham einen Altar gebaut hatte, auf dem er dann beinahe seinen Sohn Jizchak geopfert hätte. Es ist auch der Ort, an dem Jaakov von der Leiter träumte, die bis zum Himmel reichte.

In den nächsten hundert Jahren gab es viele Könige in jedem der beiden Königreiche. Einer der rechtschaffensten aller Könige war Joschijahu.

Joschijahu, einer der Könige von Jehuda, wurde bereits im Alter von acht Jahren König. Er war ein sehr guter Mensch und beschloss, dringend benötigte Reparaturen im *Beit HaMikdasch* durchzuführen. Im 18. Jahr seiner Herrschaft fand der *Kohen Gadol* eine *Sefer Tora* und brachte sie ihm. Sie wurde ihm vorgelesen und der König sorgte dafür, dass die Menschen von ihren bösen Wegen umkehrten. Der König entfernte alle Götzen aus dem Tempel und aus dem ganzen Königreich.

Leider wurde Joschijahu nach 31 Jahren im Kampf gegen die Ägypter getötet. Wieder einmal begannen die Könige, die nach ihm kamen, Böses zu tun und Götzen anzubeten. Der Prophet Jirmijahu warnte alle: „Wenn ihr nicht umkehrt, werdet ihr und Jerusalem zerstört werden. Kehrt zu den Wegen Haschems zurück, und ihr werdet gerettet werden." Aber das Volk hörte nicht auf ihn. Der König warf ihn sogar ins Gefängnis! Während dieser Zeit wurde Nebukadnezar König von Babylon.

Im Alter von 21 Jahren wurde Tzidkijahu der neue König von Israel. Er war ein guter Mann. Er regierte die letzten elf Jahre, bevor Nebukadnezar den Tempel und Jerusalem zerstörte.

Ein genauerer Blick

Jirmijahu versuchte, König Tzidkijahu davon zu überzeugen, die Herrschaft Babylons über Israel zu akzeptieren. „Das wird die Strafe für alle ihre Sünden sein, wie zum Beispiel den Götzendienst", erklärte er. Aber Tzidkijahu hörte nicht zu. Er beschloss, sich gegen Nebukadnezar, den König von Babylon, aufzulehnen.

Wusstest du das?

Der erste *Beit HaMikdasch* stand 410 Jahre lang. Er wurde am neunten Tag des Aw, im Jahr 3338, zerstört.
Unsere Rabbiner lehren uns, dass der erste *Beit HaMikdasch* wegen drei schrecklicher Sünden zerstört wurde, die das Volk begangen hatte: Götzenanbetung, Unsittlichkeit und Mord.

Ein genauerer Blick

In zwei langen Kapiteln der Tora warnt Haschem das jüdische Volk vor schrecklichen Strafen, die ihm widerfahren würden, wenn es Seinen Wegen nicht folgte. Diese Kapitel werden *Tochacha* genannt. Diese Strafen sollen das jüdische Volk aufwecken und zur Umkehr bewegen.

Wusstest du das?

Als das jüdische Volk nach dem Auszug aus Ägypten in der Wüste war, schickte Mosche zwölf Männer aus, um das Land Kanaan zu erkunden. Sie kehrten zurück und berichteten: „Die Menschen dort sind mächtige Riesen. Wir sind wie Heuschrecken im Vergleich zu ihnen. Wir werden sie niemals besiegen können." Das jüdische Volk weinte die ganze Nacht. In dieser Nacht war Tischa B'Aw, der neunte Tag von Aw. Haschem bestrafte das jüdische Volk, indem Er es vierzig Jahre lang in der Wüste festhielt. Seitdem ist Tischa B'Aw immer ein trauriger Tag für das jüdische Volk gewesen.

Jerusalem wurde belagert. Es gab weder Essen noch Trinken. Die Menschen verdursteten und verhungerten. Am neunten Tag des Tammuz durchbrachen die Babylonier die Mauern der Stadt Jerusalem.

Wusstest du das?
Auch die assyrische Armee unter der Führung von Sancheirev hatte schon über 100 Jahre zuvor versucht, Jerusalem zu zerstören. Nebukadnezar erinnerte sich, wie Haschem die assyrische Armee in nur einer Nacht mit einer Plage vernichtet hatte. Er hatte Angst, dass ihm das Gleiche passieren könnte. Deshalb schickte er seinen General Nevuzaradan, um die Stadt für ihn anzugreifen.

Nachdem die Babylonier die Außenmauern der Stadt durchbrochen hatten, erkannte König Tzidkijahu, dass es keine Hoffnung mehr gab. Er versuchte, durch einen unterirdischen Leitungstunnel zu entkommen, der achtzehn Meilen lang war und in der Nähe der Stadt Jericho wieder nach oben kam. Aber Haschem sorgte dafür, dass die babylonischen Soldaten in der Nähe des Tunnelausgangs ein Reh jagten, damit sie Tzidkijahu herauskommen sehen würden. Er wurde gefangen genommen und zu Nebukadnezar gebracht. Nebukadnezar tötete alle zehn Söhne von Tzikdiyahu, ließ ihn erblinden und führte ihn in Ketten nach Babylon ab. Er ist dort gestorben. Nebukadnezars Armee, angeführt von Nevuzaradan, zog dann in Jerusalem ein. An Tischa B'Aw, dem neunten Tag des Monats Aw, zerstörte diese Armee den *Beit HaMikdasch*.

Ein genauerer Blick
Es schien nur so, als ob Nebukadnezar und die Babylonier die Zerstörung des Tempels durchgeführt hätten. In Wirklichkeit waren sie nur Boten von Haschem. Es waren die Sünden des jüdischen Volkes, die zur Zerstörung des Tempels führten.

Wusstest du das?
Nachdem er Jerusalem und den *Beit HaMikdasch* zerstört und so viele Juden ermordet hatte, bereute Nevuzaradan schließlich und trat zum Judentum über!
Das Exil nach der Zerstörung dauerte siebzig Jahre lang. In diesen Jahren geschah das Wunder von Purim.

Der zweite Beit HaMikdasch

Als die Juden den zweiten *Beit HaMikdasch* bauten, wurden sie von fremden Königen regiert. Der persische König Darius, der, wie manche sagen, der Sohn der Königin Esther war, gab den Juden die Erlaubnis, den Tempel in Jerusalem wieder aufzubauen. Selbst nachdem dann der Tempel stand, lebten die Juden noch viele, viele Jahre unter persischer Herrschaft. Dann nutzten die Juden den Tempel unter der Herrschaft der Syrer-Griechen weiter. Aber die Syrer benutzten den *Beit HaMikdasch* für die Anbetung von Götzen. Als die fünf Söhne von Matitjahu die Syrer besiegten (siehe Chanukka, Seite 35), wurden die Juden endlich unabhängig von der Fremdherrschaft.

Leider waren die Nachkommen von Matitjahus Söhnen nicht gut und rechtschaffen. Sie folgten nicht den Wegen Haschems.

Wusstest du das?
Hyrkanus und Aristobulus waren Brüder, die von den Chaschmonaim abstammten. Jeder von ihnen wollte König sein. Ein Bruder herrschte mit seinen Männern in Jerusalem, also umzingelte die Armee seines Bruders die Stadt. Jeden Tag ließen die Menschen in der Stadt einen Korb mit Münzen über die Mauer hinunter, und die Menschen außerhalb der Stadt schickten ein Tier hinauf, das für das tägliche Opfer im *Beit HaMikdasch* gebracht werden sollte. Eines Tages wurde den Menschen außerhalb der Stadt gesagt, dass sie die Menschen innerhalb der Stadt nicht besiegen könnten, solange diese Haschem Opfer darbringen würden. Also schickten sie am nächsten Tag statt eines koscheren Tieres ein Schwein hoch. Als die Hufe des Schweins die Stadtmauer berührten, bebte das ganze Land. Dies war der Anfang vom Ende der jüdischen Herrschaft.

Rom begann bald, das Land Israel zu beherrschen. Es machte Herodes zum König. Herodes war ein grausamer Mörder, den das Volk fürchtete. Er hat sogar fast alle großen Weisen getötet. Aber eine gute Sache hat er getan. Er baute den zweiten *Beit HaMikdasch* wieder auf und machte ihn sehr schön.

Wusstest du das?
Die Juden hatten den zweiten *Beit HaMikdasch* Hunderte von Jahren vor Herodes gebaut, aber er war im Laufe der Jahre heruntergekommen. Herodes nahm Tausende von Arbeitern und reparierte und baute den *Beit HaMikdasch* wieder auf. Aber dann tat er etwas Schreckliches. Er brachte einen goldenen Adler, das Symbol Roms, direkt über dem Eingangstor des Tempels an.

Ein genauerer Blick

Die Gemara lehrt uns, dass Jerusalem durch den folgenden Vorfall zerstört wurde: Ein Mann hatte einen Freund namens Kamtza und einen Feind namens Bar Kamtza. Der Mann schickte jemanden, um Kamtza zu einem Fest einzuladen. Aus Versehen hat sein Diener jedoch Bar Kamtza, seinen Feind, eingeladen. „Warum bist du hier? Raus!", rief der Wirt Bar Kamtza zu. „Aber jetzt, wo ich schon da bin...", antwortete Bar Kamtza. „Bitte, blamiere mich nicht, indem du mich vor allen Leuten rauswirfst!" Bar Kamtza bot sogar an, für das Fest zu bezahlen, aber der Gastgeber bestand darauf, dass Bar Kamtza gehen sollte.
Bar Kamtza wurde wütend auf den Mann und wütend auf die Rabbiner, die auf dem Fest waren, ihm aber nicht halfen. „Ich werde meine Rache bekommen", dachte er. Bar Kamtza ging zum Kaiser von Rom und sagte ihm, dass die Juden gegen ihn rebelliert hätten! Der Kaiser glaubte ihm. Das brachte das jüdische Volk seiner Vernichtung näher.

Es blieb eine letzte Hoffnung für das jüdische Volk: Agrippa, der Enkel von Herodes. Als er König wurde, versuchte er, auf die Weisen und die Gesetze der Tora zu hören. Seine Feinde waren wütend darüber, dass er zuließ, dass die jüdische Gemeinde an Stärke gewann, und sie vergifteten ihn.

Die Römer unterdrückten die Menschen mehr und mehr. Aber noch schlimmer war, dass die Juden sich untereinander bekämpften. Juden hassten andere Juden. Wegen dieses Hasses verfügte Haschem, dass der zweite *Beit HaMikdasch* zerstört werden sollte.

Die römische Armee umzingelte Jerusalem. Ihr Befehlshaber war General Vespasian. Er wollte die Stadt einnehmen und den *Beit HaMikdasch* zerstören.

Rabbi Jochanan ben Zakkai war das Oberhaupt des Sanhedrins in Jerusalem. „Schmuggelt mich aus Jerusalem raus", sagte er zu seinen Schülern. „Ich möchte mit Vespasian sprechen."

Als er endlich beim General ankam, sagte Rabbi Jochanan ben Zakkai: „Friede sei mit dir, oh Kaiser."

„Warum nennst du mich Kaiser?" fragte Vespasian.

„Weil du bald Kaiser sein wirst", antwortete er.

Während sie noch redeten, kam ein Bote, der Vespasian mitteilte, dass er gerade zum Kaiser von Rom gewählt worden war. Vespasian war überglücklich. Als Belohnung gewährte er Rabbi Jochanan drei Wünsche. Rabbi Jochanan bat darum, dass Javne und die Weisen verschont würden. Zweitens bat er darum, dass die Familie von Rabbi Schimon ben Gamliel nicht getötet würde. Rabbi Schimon war der Anführer des jüdischen Volkes und ein Nachkomme von König David. Und schließlich bat er darum, dass der große und fromme Rabbi Tzadok von Jerusalem von einem Arzt behandelt werden sollte. Rabbi Tzadok war krank, weil er so viele Jahre gefastet und gebetet und Haschem angefleht hatte, Jerusalem und den *Beit HaMikdasch* zu retten.

Ein genauerer Blick

Die Juden durften Jerusalem nicht verlassen. Rabbi Jochanan ben Zakkai sagte seinen Schülern, sie sollten allen sagen, dass er krank sei. Ein paar Tage später gaben sie bekannt, dass er gestorben wäre. Seine Schüler legten ihn in einen Sarg und brachten ihn aus Jerusalem heraus, um ihn zu begraben. So konnte er die Stadt verlassen, um Vespasian zu treffen.

Vespasian kehrte nach Rom zurück. Er wurde durch seinen Sohn Titus ersetzt, der ein Heer von 80.000 Soldaten anführte, um Jerusalem zu besiegen. Es war ein bitterer und blutiger Krieg, in dem viele Menschen starben. Titus beschloss, die Juden auszuhungern. Es durften keine Lebensmittel in die Stadt gebracht werden. Am siebzehnten Tag des Tammuz durchbrach die römische Armee schließlich die Mauern von Jerusalem. Drei Wochen lang kämpfte das jüdische Volk tapfer. Dann, am neunten Tag Aw, drangen die Römer in den Tempelberg ein und zerstörten den zweiten *Beit HaMikdasch* vollständig. Überall wurden Brände gelegt. Alle Gefäße und Gegenstände des Heiligen Tempels wurden gestohlen und zurück nach Rom gebracht, zusammen mit vielen Gefangenen, die zu Sklaven wurden.

Wusstest du das?
An Tischa B'Aw, 420 Jahre nach seinem Bau, wurde der zweite *Beit HaMikdasch* zerstört. Über eine Million Juden starben während der Zeit der Zerstörung des zweiten *Beit HaMikdasch*.

Wusstest du das?
Haschem hat versprochen, dass ein Teil der Westmauer des *Beit HaMikdasch* niemals zerstört werden würde. Die *Schechina* (Haschems heilige Gegenwart) hat diesen heiligen Ort nie verlassen.

Ein genauerer Blick

An Tischa B'Aw sind fünf schreckliche Dinge passiert: 1) Zur Zeit von Mosche *Rabbeinu* wurde verfügt, dass die Juden in der Wüste *Eretz Israel* nicht betreten dürften ; 2) der erste *Beit HaMikdasch* wurde zerstört; 3) der zweite *Beit HaMikdasch* wurde zerstört; 4) die Stadt Betar wurde erobert und ihre Bewohner wurden getötet; 5) der böse Turnus Rufus pflügte das Gebiet um, auf dem der *Beit HaMikdasch* gestanden hatte.
Der zweite *Beit HaMikdasch* wurde zerstört, weil die Menschen sich grundlos hassten. Heute gelten eine Synagoge oder eine Jeschiwa als *Mikdasch me'at, als* eine Art Miniatur-Tempel. Dort können wir zu Haschem beten, Tora studieren und uns Ihm näher fühlen.

TISCHA B'AW UND DIE FASTENTAGE

1. Unsere Weisen sagten, dass wir an bestimmten Tagen im Jahr fasten sollen - das sind Tage, an denen wir weder essen noch trinken dürfen.

Wusstest du das?
Eine Person muss nicht fasten, bis sie das Alter von Bar oder Bat Mitzwa erreicht hat. Aber auch eine Person, die an einem Fastentag essen darf, wie z. B. ein Kind oder eine kranke Person, sollte versuchen, keine besonderen Lebensmittel wie Eis oder Kuchen zu essen.

Ein genauerer Blick
Diese Tage sind Zeiten der Traurigkeit in der jüdischen Geschichte. An diesen Tagen denken wir darüber nach, wie wir Haschem näher kommen und wie wir Seine Gesetze besser befolgen können.

2. Die öffentlichen Fastentage sind:
   a. Das Fasten von Gedalja am dritten Tischri.

Wusstest du das?
Nachdem der erste *Beit HaMikdasch* von Nebukadnezar zerstört worden war, wurde Gedalja ben Achikam, ein rechtschaffener Jude, zum Statthalter für das jüdische Volk ernannt, das noch in *Eretz Israel* lebte. Aber ein jüdischer Verräter tötete Gedalja. Die verbliebenen jüdischen Menschen wurden getötet oder gezwungen, das Land zu verlassen.

   b. Der Zehnte Tewet.

Wusstest du das?
An diesem Tag umzingelte der böse Nebukadnezar die Stadt Jerusalem. Es war der Beginn seines Angriffs auf Jerusalem und den *Beit HaMikdasch,* der mit der Zerstörung des *Beit HaMikdasch* und der Vertreibung des jüdischen Volkes aus *Eretz Israel* endete.

   c. Der siebzehnte Tammuz.

Wusstest du das?
An diesem Tag sind fünf sehr traurige Dinge passiert: 1) Als Mosche vom Berg Sinai herunterkam und sah, wie die Juden um das Goldene Kalb tanzten, zerschlug er die Tafeln mit den *Aseret HaDibrot* (Zehn Gebote); 2) Zur Zeit des ersten *Beit HaMikdasch* wurde das jüdische Volk daran gehindert, das tägliche Opfer darzubringen; 3) Während der Zerstörung des zweiten Beit *HaMikdasch* durchbrachen die Römer die Mauern Jerusalems; 4) Der böse römische General Apostamus verbrannte eine Torarolle; 5) Ein Götze wurde in den *Beit HaMikdasch* gestellt.

d. Tischa B'Aw (der Neunte Aw).

3. Von diesen vier Fastentagen beginnen alle außer Tischa B'Aw am Morgen. Tischa B'Aw beginnt bei Sonnenuntergang am 8. Aw. An Tischa B'Aw dürfen wir uns nicht waschen und dürfen keine Lederschuhe tragen. Bis zum Mittag an Tischa B'Aw sitzen wir auf dem Boden oder auf niedrigen Stühlen, wie Trauernde.

Wusstest du das?
An diesem Tag sind fünf sehr traurige Dinge passiert: 1) Die Spione, die Mosche ausgesandt hatte, um das Land Israel zu beobachten, kehrten zurück und sagten dem Volk, dass sie nicht in der Lage sein würden, das Land zu erobern. Das jüdische Volk glaubte ihnen und weinte; 2) und 3) der erste und zweite *Beit HaMikdasch* wurden zerstört; 4) die Stadt Beitar wurde von den Römern zerstört und ihre Bewohner getötet; 5) die Römer pflügten die Ruinen des zweiten *Beit HaMikdasch um.*

4. Am Abend von Tischa B'Aw sitzen wir auf dem Boden oder auf niedrigen Stühlen und hören zu, wenn die Megillat Eicha gelesen wird. Sie erzählt uns von den schrecklichen Dingen, die unserem Volk widerfahren sind. Dann lesen wir *Kinnot* (traurige Gedichte).
5. Am *Schacharit* von Tischa B'Aw legen wir weder *Tallit* noch *Tefillin* an. Am Ende des *Schacharit* rezitieren wir *Kinnot.* In diesen traurigen Beiträgen geht es darum, wie schrecklich die Zerstörung des *Beit HaMikdasch* war, und auch um die vielen Probleme, die Juden während des langen Exils erlitten haben. *Tallit* und *Tefillin* werden für *Mincha angelegt.*

6. Zwischen dem siebzehnten Tammuz und Tischa B'Aw werden keine Hochzeiten oder andere fröhliche Feste gefeiert.

Ein genauerer Blick
Diese Zeitspanne, die die Drei Wochen genannt wird, ist eine sehr traurige Zeit für das jüdische Volk. Wir gehen nicht zum Friseur, rasieren uns nicht, hören keine Musik und machen keine Feiern. Von Rosch Chodesch Aw bis Tischa B'Aw essen wir kein Fleisch (außer am Schabbat) und baden nicht zum Vergnügen. Wir waschen uns für Schabbat, wie wir es sonst auch getan haben. Die meisten sefardischen Gemeinden praktizieren all diese Einschränkungen nur in der Woche von Tischa B'Aw.

7. Zusätzlich zu den oben genannten Fastenzeiten, die alle mit der Zerstörung des *Beit HaMikdasch* zu tun haben, fasten wir auch an Taanit Esther, dem Tag vor Purim (oder am Donnerstag vor Purim, wenn Purim auf einen Sonntag fällt).

Wusstest du das?
Taanit Esther erinnert daran, wie die Juden am dreizehnten Adar fasteten und beteten, als sie gegen ihre Feinde kämpften, und wie Königin Esther und alle Juden drei Tage lang fasteten und beteten, damit Haschem das jüdische Volk retten würde.

8. Jom Kippur ist der wichtigste Fastentag des Jahres. Es ist der Moment, an dem Haschem unser Schicksal für das kommende Jahr im Buch des Lebens besiegelt. Es ist überhaupt kein trauriger Tag. Es ist ein Tag, an dem wir Buße tun und uns unsere Sünden vergeben lassen.

Wusstest du das?
Jom Kippur ist der einzige Fasttag, der in der Tora vorgeschrieben ist (mehr darüber findest du auf S. 17).

Wajechi
Tasria
Bo
echts, Links, Links, Rechts
Der achte Tag